Karl Leonhard Reinhold

Über die Paradoxien der neuesten Philosophie

Karl Leonhard Reinhold

Über die Paradoxien der neuesten Philosophie

ISBN/EAN: 9783743605138

Hergestellt in Europa, USA, Kanada, Australien, Japan

Cover: Foto ©Thomas Meinert / pixelio.de

Weitere Bücher finden Sie auf **www.hansebooks.com**

Ueber

die Paradoxien

der

neuesten Philosophie

von

C. L. Reinhold.

Hamburg, bei Friedrich Perthes.
1799.

Vorbericht.

Protagoras von Abdera fieng sein Buch mit den Worten an: „Ob „Götter sind, oder nicht, davon weiß „ich nichts zu sagen." Bekanntlich ist ein skeptischer Philosoph im wirklichen Leben, und für dasselbe, durch seinen natürlichen Verstand ganz eines andern, als durch seine spekulierende Vernunft überzeugt, durch die er überhaupt, als Philosoph, nur weiß, daß man, als Philosoph, nichts wissen könne. Im Munde eines Skeptikers kann jene Aeusserung des Protagoras eben so wenig ärgerlich als befremdend klingen

Nur durch ihren Platz an der Spitze seines Buches, den ihr die philosophirende Vernunft, so wenig als der gesunde Menschenverstand angewiesen haben konnte, wird sie auffallend, und viel eher aus dem Abderitismus als Skepticismus ihres Urhebers begreiflich. „Er wurde deshalb von den „Athenienfern aus der Stadt und von „seinem Landsitz vertrieben, und seine „Bücher vor der öffentlichen Versamm=
„lung verbrannt." Kant, der diese Anekdote (S. 179. seiner metaphysischen Anfangsgründe der Tugendlehre) dem Quintilian nacherzählt, meynet: „die Richter hätten zwar als Men=
„schen dem Protagoras sehr unrecht „gethan, als Staatsbeamte und „Richter hingegen wären sie ganz „rechtlich und consequent verfahren. „Denn wie hätte man einen Eid schwö=
„ren können, wenn es nicht öffentlich „und gesetzlich von hoher Obrigkeit we=
„gen, de par le Senat, befohlen wäre,

„daß es Götter gebe." Diese kantische **Ironie**, die nicht immer nur gegen den Eid, den sie doch allein treffen kann, ausgedeutet wurde, verliert dadurch ihre Wirkung, daß sie im Ernste behauptet, **unter der Voraussetzung der politischen Unentbehrlichkeit der Eide** wären die Athenienser gegen den abderitischen Philosophen als Richter rechtlich, und als Staatsbeamte consequent verfahren. **Religion** ist dem **Staate** unentbehrlich, nicht sowohl in Rücksicht auf die, vielleicht durchaus entbehrlichen, Eide, aber destomehr in Rücksicht auf **die Sitten**, ohne welche die Zwangsgesetze eben so wenig bestehen können, als die Sitten ohne Zwangsgesetze. Als einem der wesentlichsten Rechte der Menschheit ist Ihr der Staat auch ohne alle Rücksicht auf ihre Brauchbarkeit für seine Zwecke **Schutz** schuldig. Aber er vernichtet sie, so viel an ihm liegt, er macht sie als ein bloßes Werkzeug der Politik

verdächtig, und für seine eigenen Zwecke unbrauchbar, wenn er sie mehr als schützen, wenn er sie bewirken, begründen, erzwingen will. Was könnte eine, nicht etwa blödsinnig gewordene Obrigkeit auf diejenigen Eide bauen, denen **kein anderes** Bekenntniß der Religion zum Grunde läge, als welches durch Strafen und Belohnungen, veranstaltet und aufrecht erhalten werden muß? Die Athenienser haben an dem Protagoras und seinen Büchern **widerrechtlich** und **unpolitisch** gehandelt. Als bloße Beschützer der Religion waren sie **verpflichtet** aber auch zu nichts weiter **berechtiget**, als den Philosophen zu einer auch den **Nichtphilosophen verständlichen Erklärung** ungefähr des Inhaltes anzuhalten: „Er habe durch seine mißverstandene Behauptung „keineswegs die Religion seiner Mit:
„bürger bestreiten wollen und können.
„Diese bestehe bekanntlich in einem

„Glauben, der von keiner Philosophie
„abhängen, und in wie ferne Philoso-
„phie überhaupt im bloßen spekula-
„tiven Wissen bestehe, in derselben
„keinesweges enthalten seyn
„könne. Uebrigens wäre die Seinige,
„als solche, so beschaffen, daß er sich
„aus ihrem Wissen den Glauben sei-
„ner Mitbürger nicht zu erklären ver-
„möge." Durch eine solche Deklaration wäre das genommene Aergerniß
wo nicht ganz aufgehoben, doch aufs
wenigste in dem Verhältnisse vermin-
dert worden, als es durch die gewaltsa-
men Maßregeln der Athenienser vergrös-
sert wurde. Voltaire, der sich besser
als irgend ein anderer Schriftsteller auf
die Popularisation seiner Einfälle, die
Verbreitung seiner Schriften, und die
Beförderung seiner Celebrität verstand,
soll manchem seiner Bücher die allgemei-
nere Aufmerksamkeit und das öffentliche
Interesse, die ihm der Inhalt und die
Beschaffenheit derselben nicht zu verspre-

chen schienen, durch selbst ausgewirkte Confiscation und feyerliche Verbrennung zu verschaffen gewußt haben. Jedem schlaueren **Fanatiker des Unglaubens** könnte in unseren Tagen nichts willkommener seyn, als wenn es die Regierungen selber über sich nähmen, durch ihre Edikte zu proklamiren und promulgiren, **daß, und wo in der neuesten Philosophie Atheismus zu suchen und zu finden sey.**

So wie ich diese Philosophie verstehe, und auch wenigstens von ihrem Urheber verstanden glaube, ist dieselbe durch das ganze Wesen ihres Geistes über die Beschuldigung des Atheismus erhaben, und sie kann dem an ihren Buchstaben genommenen Aergernisse eine ganz andere Deklaration entgegenstellen, als diejenige, auf welche sich jede materialistische, oder skeptische Philosophie beschränken müßte. Denn für Sie ist die Religion nicht mehr und nicht weniger als Glaube des Gewissens, und in dieser Eigenschaft das Gewisseste unter allem was gewiß heißen kann. Sie weiß und zeigt nicht nur, daß die Ueberzeugung dieses Glaubens durch keine Philosophie weder hervorgebracht noch aufgehoben werden könne, sondern sie unternimmt es auch, diese Ueberzeugung ihrer Möglichkeit nach zu erklären, freylich keinesweges für Nichtphilosophen, auch nicht für diejenigen Philosophen, welche die Principien von denen sie ausgeht nicht verstanden und wahr befunden haben. Sie bescheidet sich übrigens selber, daß ihre Erklärung des Glaubens an Gott dem Gewissenhaften, als solchen, keinesweges unentbehrlich, und eben so wenig dem Gewissenlosen völlig befriedigend seyn könne.

Der wirklich religiöse Mensch glaubet dem, sich ihm durch das

Gewissen offenbarenden, Gott mehr als den Menschen, und folglich auch mehr als sich selber, in wieferne sich etwa Zweifel und Bedenklichkeiten durch verirrte Spekulation in ihm einfinden, die, dem was für ihn durch das Gewissen gewiß ist, widersprechen. Er weiß, daß speculative Einwürfe auch nur gegen spekulative Gründe gerichtet seyn können, denen er die Wirklichkeit seiner Ueberzeugung keineswegs verdankt, und daß er sich die Unauflöslichkeit, die diese oder jene Einwendung für ihn haben mag, lediglich aus seinem Unvermögen in der Spekulation erklären müsse, die er als ein menschliches Kunstwerk nie mit dem Gewissen in Vergleichung setzt.

Vielleicht hätte die neueste Philosophie besser gethan ihr Erklären jenes Glaubens noch so lange aufzuſchieben, bis ſie ſelber in ihren Principien etwas allgemeiner wäre verſtanden gewesen, Misverſtanden — kann ſie Anhänger haben, die wirklichen Atheismus in ihrem Namen als Religion predigen, und Gegner, welche die von ihr vertheidigte wahre Religion als verkappten Atheismus verſchreyen. Nachdem es aber nun einmal über das, was dieſe Philoſophie über jene wichtige Angelegenheit der Menſchheit lehrt, ſo laut zur Sprache gekommen iſt, iſt das Bedürfniß den eigenthümlichen Character ihres Geiſtes zu verſtehen, um ſo dringender, und die Gefahr denſelben falſch zu verſtehen, um ſo bedenklicher geworden. Die gegenwärtige kleine Schrift verſucht es einige Erläuterungen über jenen Charakter zu geben, und iſt zunächſt für ſolche Leſer beſtimmt, welche die neueste Philosophie entweder noch nicht weiter als vom Hörensagen kennen, oder sie entweder gar nicht oder nicht genug verstanden haben, und sich das Verstehen derselben erleichtert wünschen.

Kiel, den 28. März 1798.

Kaum irgend eine andere Meinung ist unter dem gebildeten, und selbst unter dem eigentlich gelehrten Publikum unsrer Zeit allgemeiner verbreitet, und tiefer eingewurzelt, als: "daß die „Brauchbarkeit und Wahrheit der Phi„losophie in der Popularität, und daß „die Volksaufklärung vorzüglich „in der dem Volke beygebrachten Phi„losophie bestehen müsse." Die erste Hälfte dieser Meynung erstrekt sich über die ganze kultivirte Welt, die zweyte über die Gegenden, wo von Volksaufklärung die Rede seyn darf. Die Eine ist theils aus England durch die an den gemeinen Menschenverstand gegen die skeptischen Vernünfteleyen appellirenden Widerleger David Humes, theils aus Frankreich, wo schon so lange her die Reputation eines Gelehrten von seiner

Verständlichkeit für die Damen abhieng, und selbst der Name Metaphysik lächerlich geworden ist, nach Teutschland herüber gekommen. Hier hatte sich der Ueberdruß gegen die leibnitzischwolfische Philosophie bald genug, und in dem Verhältnisse eingefunden, als Leibnitzens Geist, der schon durch seine erstern Apostel, Wolf, Baumgarten und Bülfinger nicht völlig rein aufgefaßt war, sich mit jedem neuen Compendium, und jeder neuen Nutzanwendung des Systemes aus dem noch übrig gebliebenen, wie wohl mannigfaltig verstümmelten Buchstaben desselben immer mehr und mehr verlohr. Einige unter unsren akademischen Lehrern fiengen nun alles Ernstes und mit grossen Beyfall an, die Philosophie für das Volk zu bearbeiten. Ihnen begegneten die Bemühungen der philantropinschen Reformatoren der Erziehungskunst, und der an der allgemeinen teutschen Bibliothek arbeitenden Reformatoren der Religionslehre.

Die Scheidewand zwischen den **gelehrten** und den **popularen** Kenntnissen fiel; und auch das Volk von allem Alter und Geschlecht wurde von Kanzeln und Cathedern herab in Erbauungsschriften und Romanen für die Philosophie bearbeitet.

Die popularisirte Philosophie nahm zwar nur in der **Moral** den **Namen**, aber ihrem ganzen übrigen **Wesen** nach, den **Charakter** der bloßen **Glückseeligkeitslehre** an. Sie besteht in dieser Eigenschaft aus **mannigfaltigen Versuchen** allerley Ueberreste, der Weiland, spekulativen Philosophie mit den natürlichen Begriffen des **gemeinen Verstandes** zusammenzuschmelzen, und ist insoferne theils nur durch Vermengung, theils nur durch Verwechslung dieser ungleichartigen Bestandtheile möglich. Daher läßt sich auch von ihr keine **allgemeine** Schilderung, in welcher auch nur Einer ihrer Anhänger seine Philosophie widerfände, entwerfen, und es ist ungerecht, ihr überhaupt die Ungereimtheiten beyzumessen, die entweder der rein natürliche Verstand, oder die reinwissenschaftliche Spekulation in einer Verstellungsart antreffen müssen, die sich nur als das Produkt einer gegenseitigen Einschränkung beyder durcheinander denken läßt. Auch verstummen die Einwendungen jeder nicht pedantisch gewordenen Spekulation bey dem Genusse der Blüthen und Früchte, die der Geist der Humanität durch sittliches Gefühl, reifen Geschmack, und seine richtige Beobachtung in den Schriften so manches Mannes erzeugt hat, der dem Worte Glückseeligkeitslehre eine Bedeutung gab, durch welche jede unbedingte Herabsetzung desselben mit recht anstössig geworden ist. In einem ganz andern Sinne wurde jener Name von dem grossen Haufen genommen, bey welchem die Philosophie nur unter dessen Empfehlung Eingang fand. Sie leuchtete besonders denjenigen gebildeteren Classen des Volkes ein, die vom Glücke wirklich oder doch ihrer Meynung nach verwahrloset, ihr Schicksal leichter und schneller durch Wissen als

durch Handeln verbessern zu können glaub:
ten. Mit mehr Gleichgültigkeit wurde sie
von den Günstlingen des Glückes aufge:
nommen, die sich auserwählt glaub:
ten, um durch Geniessen zu verzehren, was
die übrigen durch Arbeit hervorzubringen
hätten. Nur wenige unter ihnen vermoch:
ten einzusehen, daß eine Philosophie, die
zu der Seeligkeit, welche sie ver:
heißt, des Glückes nicht entbehren kann,
am meisten für Menschen gemacht wäre,
die bey allem Glücke nichts so gewöhn:
lich als die Seeligkeit entbehren müs:
sen. Nichts desto weniger wurde die po:
pularisirte Philosophie durch schöne Gei:
ster civilisirt, wie jede andere Waare des
Luxus von Zeit zu Zeit modernisirt, auch
in die feine und grosse Welt eingeführt,
und wer weiß wie weit sie es in derselben
noch einst gebracht hätte, wenn nicht die
französische Revolution dazwi:
schen gekommen wäre. An dieser war
nun freylich die französische Glück:
seligkeitslehre, so wenig als die ehema:
lige Glückseligkeit der französischen

seinen und grossen Welt, nicht ganz un-
schuldig. Auch ist jene Lehre in Frankreich während der Revolution, wie vor
derselben, sich immer gleich geblieben, und
hat an dem Zustand der auf dieselbe ge-
folgt ist, und an demjenigen, der sie herbeygeführt hat, gleichen Antheil. Die an
jenen Eräugnissen ganz unschuldige teut-
sche Glückseligkeitslehre wurde, als sogenannte Philosophie, nun auch unter uns
besonders denen verdächtig, die ein beträcht-
liches Glück zu verlieren, und wahrge-
nommen hatten, auf welche Weise die
neuen Glücklichen in Frankreich im Namen der Philosophie zu ihrem
Glücke gelangt sind. Daß es den teutschen Glückseligkeitslehrern eigentlich nur
darum zu thun sey, zu dem Glücke Anderer auch noch die Seeligkeit hinzu-
zufügen, mit der sie sich für ihre eigenen
Personen ohne jenes Glück begnügen,
welches sie doch in dem Grundbegriffe so
wenig als in der Benennung ihrer Lehre
vergessen — dieses kann wohl nur der-
jenige begreifen, der weiß, wie sehr die

teutschen Philosophen bisher besser als ihre Philosophie gewesen sind.

———

Die neueste Philosophie setzt die abstrakteste Spekulation an die Stelle der Popularität, und Freyheit an die Stelle der Glückseeligkeit.

Dadurch, daß sie von Freyheit ausgeht, alles Wissen und Thun auf dieselbe zurückführt, und darum eben so oft und so viel von der Freyheit, als die Popularphilosophie von Glückseeligkeit sprechen muß, verdirbt sie es nicht nur mit den Anhängern aller ältern, sondern auch mit den Gegnern aller Philosophie überhaupt. Für die letztern hätte die alte Sage, daß die Philosophie eine Tochter der Erbsünde, und eine gebohrne Feindinn der wahren Religion und der gesunden Politik sey, durch nichts so auffallend bestättiget werden können, als dadurch, daß bestallte Philosophen von Profession kein Bedenken tragen in demselben verhaßten Namen der in der letztern Zeit das Losungswort zu unerhörten Gräulthaten, und zur allgemeinen Erschütterung der bürgerlichen Gesellschaft geworden ist, das Heil zu predigen, das ihre Wissenschaft bisher unter so mancherley andern Namen verheissen hat. Daß die Freyheit der neuesten Philosophie mit der Freyheit der neuesten Politik durchaus nichts als den Namen gemein habe, wissen die philosophischen Feinde der Erstern gar wohl. Allein für sie ist die Ungereimtheit nicht weniger als die Arglosigkeit einer Freyheit ausgemacht, die sich auf den blossen Willen einschränkt, und an welche nur der ganz unphilosophische Menschenverstand in seinem Bewußtseyn des Unterschieds zwischen Pflicht und Zwang, Sollen und Müssen, Können und Dürfen, Nichtkönnen und Nichtdürfen glaubt.

Es ist ein unvermeidliches, aber aus der Natur des menschlichen Geistes nicht unbegreifliches, Schicksal der philosophirenden Vernunft, daß dieselbe, so lange sie auf dem Wege ihres Fortschreitens durch alle möglichen skeptischen und dogmatischen Versuche bis zum eigentlichen Anfangspunkte Ihrer Selbsterkenntniß begriffen ist, jene unbedingte Freyheit um so gewisser für eine bloße Täuschung erklären muß, je konsequenter sie in jedem dogmatischen oder skeptischen Versuche verfährt. Alle bisherige Philosophie, so ferne sie anders nicht ohne ihr eigenes Wissen und Wollen durch jenen, dem natürlichen Verstande unwiderstehlichen, Glauben zu Inkonsequenzen verleitet wurde, behauptete eine allgemeine, durchgängige, unbedingte, alles ausser sich selbst beherrschende Nothwendigkeit. In dieser läßt sie das Wesen von allen Dingen, so verschieden sie über die Verschiedenheiten derselben auch denken mag, Gottes und der Natur, der Vernunft und des Willens bestehen, von denen allen der Philosoph, als solcher, nur das Eine völlig für rein wahr und über allen Zweifel gewiß hält, daß sie thun was sie nicht laſſen und weil ſie es nicht laſſen, und laſſen was und weil ſie nicht thun können. Auch der **Skeptiker** glaubt nicht weniger an dieſe ſchlechthin unbedingte Nothwendigkeit; nur beſcheidet er ſich, daß er die **Geſetze** ihres thuns und laſſens nicht begreifen könne, die der Dogmatiker begriffen zu haben und immer mehr begreifen zu können meynt, ohne ſich gleichwohl über den Begrif der **Unbedingtheit** jener Nothwendigkeit emporſchwingen zu können oder zu wollen.

Derſelbe **Unglauben an die Freyheit** kündiget ſich durch diejenige tiefeingewurzelte und weitverbreitete Denkart unter allen gebildeten Claſſen an, welche ſich ſelbſt vorzugsweiſe die **Aufgeklärte** nennt, und die ſich bald ihres Urſprungs aus der Philoſophie rühmt, bald über alle Philoſophie erhaben behauptet. Nach dieſer Denkart giebt es weder Selbſtſtändigkeit der Vernunft noch Selbſtthätigkeit des Willens. Alles was die Vernunft vermag, iſt, daß ſie den von ihr völlig unabhängigen Zuſam-

menhang der Dinge, wie diese nun ein=
mal an sich selbst sind und seyn müs=
sen, so weit zum Bewußtseyn
bringt, als dieses die sinnliche
Wahrnehmung zuläßt und möglich
macht. Alles, was der Wille vermag,
ist das, wozu er durch Lust gezogen,
durch Unlust getrieben, und, woran
er nicht entweder äusserlich durch
Zwang, oder innerlich durch Un=
wissenheit und Irrthum gehindert
wird. In diesem Nichtgehindert=
seyn besteht seine ganze Freyheit. Die
Sachwalter und Worthalter dieser Auf=
klärung mögen übrigens in ihren Theo=
rien über Natur und Gott, Ma=
terie und Geist, physische und
moralische Kraft noch so weit von
einander abweichen, so sind sie doch dar=
über unter sich einig, daß es keine eigent=
liche Zurechnung geben könne; daß
jeder Mensch unter denselben Umständen
der Organisation, des Climas, der Erzie=
hung, Gewohnheit, bürgerlichen Verfas=
sung u. s. w. völlig auf dieselbe Weise

handeln müsse, und daß das **Unrecht** an sich selbst nichts anderes als eine Art **Unglück** sey, von dem die Schuld zu: nächst im **Irrthume** oder in der **Unwissenheit**, — zuletzt aber in den **äusseren** Ursachen von beyden liegen müsse. In dieser an sich selbst unverlier: baren **inneren Unschuld**, und in der, unter der Bedingung der **äusseren Zwangslosigkeit, unvermeidlichen Sittlichkeit**, besteht nach der aufge: klärten Denkart die Würde der Mensch: heit, die von Natur aus und durch Natur gut ist und bleibt. Da unter dieser Vor: aussetzung die Entwicklung der vernünfti: gen Natur durch die Triebfeder der Lust und Unlust, und sonach Wohlverhalten und Wohlbefinden im Menschen unvermeid: lich erfolgen, sobald jene Entwicklung nicht von **aussenher** gehindert wird: so ist es begreiflich genug, warum die Apostel dieser Denkart eigentlich nur zwey Mit: tel, die Menschen besser und glücklicher zu machen, kennen und predigen, näm: lich **Aufklärung** und **politische**

Freyheit, und warum sie in demselben Verhältnisse eifriger auf die Wirklichkeit der **äussern** Freyheit dringen, je mehr sie sich von der Unmöglichkeit der **Inneren** überzeugt halten.

So **verkünstelt** nun diese ganze Denkart, dem an **Zurechnung** und an eine **übernatürliche** Ordnung der Dinge glaubenden **Gewissen** sich darstellen muß: so **natürlich** erscheint sie der **Selbstliebe**, die mit der verirrten Spekulation gemeine Sache macht, um sich jenes, ihr lästigen, Glaubens zu entledigen. Sie begreift wohl, daß sie durch die Aufhebung der Möglichkeit eines eigentlichen **Verdienstes** wenig zu verlieren, desto mehr aber durch die Aufhebung der Möglichkeit der eigentlichen **Schuld** zu gewinnen habe. Der **Eigendünkel**, der ohnehin den Sinn für die **wahre Würde** der menschlichen Natur abstumpft, weiß sich für die Verzichtleistung auf das Bewußtseyn des, nur unter der Voraussetzung der inneren Freyheit möglichen, **inneren Werthes** schadlos zu halten. Er begabet sich um so reichlicher mit dem Glücke: viel Vernunft zu besitzen, und ist um so stolzer darauf, ohne sich durch seinen vernunftwidrigen Lebenswandel, den er sich aus den äusseren unglücklichen Hindernissen, die ihn in dem Gebrauche seines reichen Vorrathes einschränken, begreiflich zu machen weiß, in seinem Wohlgefallen an sich selber stöhren zu lassen.

Was kann sich nun eine Philosophie versprechen, die es mit diesem Unglauben an die Freyheit aufzunehmen hat, und neben demselben durchaus nicht bestehen kann?

So wenig durch die unbebingte Nothwendigkeit, an welche die bisherige Philosophie in ihren verschiedenen Lehrgebäuden unter allerley Benennungen unbedingt glaubte, und die für sie dasjenige Unbegreifliche war, das sie allen Begreiflichen zum Grunde legte, irgend etwas begreiflich geworden ist, und werden konnte:

so hat dieselbe gleichwohl, wenn sie einmal ausdrücklich oder stillschweigend als Erstes und Letztes in der Wissenschaft angenommen ist, die Bequemlichkeit, daß sie wegen ihrer unbedingten **Unverständlichkeit** keiner Ungereimtheit beschuldiget werden kann; während jedermann von der **unbedingten Freyheit** wenigstens so viel versteht, daß er sie nach seinem Glauben an unbedingte Nothwendigkeit ungereimt finden muß. Sie ist **unbegreiflich**, aber nicht **unverständlich**. Sie wird verstanden, in wieferne sie geglaubt, und geglaubt, in wieferne sie verstanden wird; und sie wird beydes, in wieferne sie **handelt**, und handelt nur wo sie verstanden und geglaubt wird. Dann ist sie aber auch nur dasjenige Unbegreifliche, daß man zum Grunde legen muß, wenn irgend etwas Begreifliches von **grund aus** erklärt werden soll. Ich weiß wohl, daß ich hier für die Freunde der unbedingten Nothwendigkeit baaren Unsinn sage; aber ich wollte auch nur damit klar machen, daß, und warum, und wie Ihnen die neueste Philosophie überhaupt Unsinn seyn müsse.

Die neueste Philiosophie kann und will es nicht leugnen, daß sie nach ihrer ganzen Eigenthümlichkeit nichts als **spekulative Philosophie** sey. Durch dieses Geständniß hat sie auch schon in den Augen eines ansehnlichen Theiles unsres gebildeten und gelehrten Publikums sich selber den Stab gebrochen. Für einen andern noch größern Theil ist, mit der Sache selbst, auch die Benennung so ganz verlohren gegangen, und wieder neu geworden, daß dieselbe vielleicht manchen aus dieser Classe nach einer neuen Bekanntschaft lüstern macht. Allein der Neugierige arbeitet sich kaum einige Blätter der Wissenschaftslehre hindurch, so fühlt er auch schon, daß er es genug seyn lassen müsse, um sich überzeugt zu halten: „die philosophische Spe„kulation, möge auch selbst vor der

„politischen und merkantilischen
„manches voraus haben, so könne sie doch
„wohl nicht die peinliche Anstrengung be-
„lohnen, welche die bloße Kenntniß ihres
„Verfahrens voraussezt." — Ein drit-
ter, nicht unbeträchtlicher Theil jenes Publikums ist erst seit kurzem mit der **kan-
tischen Critik der reinen Ver-
nunft**, und nur dadurch ausgesöhnt
worden, daß er endlich eingesehen hat:
dieselbe gehe mit nichts anderem, und
nichts geringerem um, als **aller spekulativen Philosophie**, die man
in der gelehrten Welt bisher mehr aus einem bloßen Gefühle, als aus dem völlig
bestimmten Begriffe ihrer Nichtigkeit bey
Seite gelegt habe, **durch eine er-
schöpfende Untersuchung auf
immer ein Ende zu machen**.
Wirklich lautet das endliche Resultat dieser Critik: „die reine, von der wirkli-
„chen Erfahrung unabhängige, Ver-
„nunft könne nur als praktische,
„d. h. im Gewissen und durch den
„Willen selbstthätige, keineswegs aber

„als theoretische, d. h. im bloßen „Wissen und für die Erkenntniß „beschäftigte, Vernunft Ueberzeugung begründen." Nach der ganzen Beschaffenheit des Standpunktes, aus welchem alle Untersuchungen jener Critik unternommen sind, nach allen Grundbegriffen und aufgestellten Voraussetzungen, von denen alle ihre Beweise ausgehen, und nach allen Erörterungen welche sie über ihren Endzweck giebt, kann jenes Resultat keinen anderen verständlichen Sinn haben, als, daß jeder reine theoretische, zum Behuf eines dadurch möglichen Wissens versuchte, und also jeder spekulative Vernunftgebrauch, schlechterdings vergeblich, daß reines, vor dem was Kant die materiellen Bedingungen der Erfahrung nennt, völlig unabhängiges Wissen, und sonach die spekulative Philosophie überhaupt unmöglich sey. Die neueste Philosophie, die auf nichts als auf eben jenes reine Wissen ausgeht, muß daher auch Kanten und seine ganze Schule weit mehr, als die noch übrigen Gegner derselben, wider sich haben. Denn die leztern glauben nur, die erstern aber wissen, daß Fichte und seine Mitarbeiter etwas unmögliches wirklich machen wollen.

Indessen hatte die popularisirte Philosophie der Glückseligkeit durch die Critik der reinen Vernunft eine Anzahl von Bearbeitern, Vertheidigern und Anhängern verlohren, die nun ihre Gegner geworden sind, und an der critischen Philosophie, das wahre Mittelwesen zwischen der populären und der spekulativen, den Mittelweg zwischen Empirismus und Metaphysik, besitzen und vertheidigen. Daß diese Pilosophie von der großen Mehrheit der Zöglinge und Pfleger der Aelteren mannigfaltig misverstanden, angefochten und verworfen wurde, und noch wird, war eben so unvermeidlich als daß jede neue Wahrheit durch dieselben Vorurtheile, die durch sie angegriffen sind, eine Zeitlang widerlegt wird. Allein gleichwie auch jede neue Wahrheit gewöhnlich nur dadurch ein größeres Publikum gewinnt, daß sie durch ihre Verbreiter aus der zweyten Hand mehr oder weniger von ihrer Strenge nachläßt, von ihrer Reinheit verliert, und Zusätze aus dem alten Vorurtheile annimmt, so fiengen auch schon die kritischen Philosophen darüber nachzusinnen, und unter sich uneinig zu werden, an, was sie ihren gemeinschaftlichen Gegnern einzuräumen hätten, um sich mit denselben abzufinden, ohne gleichwohl ihrem Kant etwas zu vergeben. Schon hörte man Kantianer mit Kants eigenen Worten beweisen, daß der Begriff der Glückseeligkeit zwar nicht das Princip der Sittlichkeit, aber das einzig mögliche verbindende Mittelglied zwischen Sittlichkeit und Religion sey, daß die Freyheit des Willens nichts als die unbedingte und eben darum unbegreifliche Nothwendigkeit der praktischen Vernunft sey, daß der freye Wille nur sittlich handeln könne, und die unsittlichen Handlungen sich nicht als freye denken ließen, u. s. w. So fieng die Glückseligkeitslehre unter dem Namen der Religion, und die unbedingte Nothwendigkeit unter dem Namen theils der praktischen Vernunft, theils der Dinge an sich, in der kritischen Philosophie wieder aufzutreten an. Mit dem alten Erbübel aller bisherigen Philosophie angesteckt, würde auch die Neuere den Geist ihres Urhebers bald genug aufgegeben haben, und ihr Buchstaben würde als Volkslehre für alle Stände popularisirt, civilisirt und modernisirt worden seyn, wenn nicht plötzlich die neueste Philosophie dazwischen getreten wäre, jenes Erbübel, das durch die Critik nur aufgedeckt, nicht anfgehoben werden konnte, unmittelbar angegriffen; die alte, durch Kant nur erschütterte, Voraussetzung der Dinge an sich von Grund aus umgestürzt; und dadurch, daß sie die unbedingte Freyheit an die Stelle der unbedingten Nothwendigkeit setzte, eine gänzliche Umkehrung der philosophischen Denkart, und zwar eine Umkehrung von ganz anderer Art, als diejenige, welche durch die Critik bewirkt werden konnte, eingeleitet hätte. Kant hatte an die Stelle der bisherigen Voraussetzung: daß sich der Verstand nach den Dingen richte, die Voraussezung hingestellt, daß sich die Dinge nach dem Verstande richten müßten. So sehr diese Voraussetzung die natürliche Denkart, an welche sich jede bisherige Philosophische durch die entgegengesetzte Voraussetzung mehr oder weniger angeschmiegt hatte, empören mußte, so sehr versöhnte sie dieselbe durch das Resultat wieder, welches kein anderes als die natürliche Denkart selbst ist, die durch die Critik an die Stelle aller bisherigen, wenigstens in ihren Resultaten jener Denkart widersprechenden, Metaphysik gesetzt wird. Allein die Critik hatte, um ihre Voraussetzung begreiflich zu machen, so manches als ausgemacht angenommen, was zwar nicht für den natürlichen Verstand aber doch für eine Critik dieses Verstandes;

die wohl nach einer Critik der reinen Vernunft nicht lange ausbleiben durfte, des Beweises fähig und bedürftig war. Dieser Beweis desjenigen was Kant mit dem natürlichen Verstand ohne Beweis als nothwendig voraus gesezt hatte, war nur durch eine Umkehrung der kritischen Denkart selbst, und durch diejenige Voraussetzung möglich, die, in wie ferne sie nichts als sich selbst voraussetzt, nichts anderes als die unbedingte Freyheit seyn kann. Mit dieser Voraussetzung muß, wenn sie probehältig befunden wird, eine Philosophie angehen, die selbst das einzige Unbedingtnothwendige, was die Critik mit dem natürlichen Verstand ohne Beweis als Unbedingtnothwendig annimmt: — die praktische Vernunft, zu erklären und zu beweisen übernimmt; und eben darum eben so wenig kritische Philosophie als Denkart des natürlichen Verstandes seyn kann; zwar aller bisherigen spekulativen Philosophie entgegengesezt, aber gleichwohl nichts als spekulative Philosophie ist, und alle bisherigen Vorstellungsarten, welchen Namen sie auch haben mögen, die Natürliche, in wieferne nichts weiter als natürlich ist, so wie alle Künstlichen, gegen sich haben muß.

Ich kann und will hier nicht untersuchen; ob und wieferne es in der neuesten Philosophie unvermeidlich war, die sich selbstdenkende Freyheit, — Ich zu nennen, und in soferne das Ich als Princip aller Philosophie aufzustellen. So viel ist gewiß, daß die Gegner dieser Philosophie dadurch aus der Verlegenheit, was sie aus der unbedingten Freyheit derselben zu machen hätten, gerissen wurden. Man hatte nun für den Unsinn, den man in dieser Freyheit fand, eine Qualifikation, und einen verhaßten Namen, aus welchem man sich seinen Widerwillen gegen dieselbe erklären konnte. Die neueste Philosophie war nun nichts weiter als die feinste Subtili

sirung des gröbsten Egoismus. Edelgesinnte Personen, welche dieses Uebel schon lange her, und nicht mit Unrecht, für die eigenthümliche Geisteskrankheit dieses aufgeklärten Zeitalters erkannt und beseufzet haben, fanden nun auch die Philosophie der Teutschen davon angesteckt, und ehren dieselbe nicht wenig dadurch, daß sie diese Ansteckung unter allen für die unnatürlichste und empörendste halten. „Das Schau=
„spiel, meynen sie, das uns der tollge=
„wordne Egoismus unsrer Zeit gebe,
„würde nun auch gar zu ekelhaft. Es hät=
„ten zwar die sogenannten Aristokraten
„nie jemand neben sich, und die so=
„genannten Demokraten nie jemand
„über sich wissen wollen; es habe auch
„nie so viele Demokraten und Aristokraten
„gegeben als heut zu tag, und ihre ge=
„meinschaftliches Ziel, ihre respektiven
„Ichs zum Mittelpunkten des Univer=
„sums zu machen, wäre nie so auffallend
„in die Augen gesprungen als seit kurzem.
„Gleichwohl hätten beyde eine gewisse Art
„von Schaamhaftigkeit beibehalten; indem

„sie ihr Bestreben, die Einen unter dem
„Namen der bürgerlichen Ord-
„nung, die Andern unter dem Namen
„der bürgerlichen Gleichheit noch
„immer zu verstecken, für gut fänden.
„Aber in der neuesten Philosophie habe
„der Egoismus auch das letzte Klei-
„dungsstück schaamlos von sich wegge-
„worfen, und Weltweise dahin ge-
„bracht, daß sie als Wahrheit aller Wahr-
„heit auf den Dächern predigen: das Ich
„sey und müsse seyn, das erste und letzte,
„und einzige Wesen, die Quelle alles Wis-
„sens, der Endzweck alles Handels, Gott
„und Natur und Alles in Allem."

Wer auch den moralischen Egoismus von den Metaphysischen unterscheiden kann, und will, der muß doch
wenigstens den letztern in einer Lehre finden,
die ausdrücklich behauptet, daß sie das
Wirkliche nur für das Ich, nur im Ich,
und nur durch das Ich gelten lassen könne
und wolle. Freylich hat noch keine bisherige Philosophie gegen den moralischen
Egoismus ausdrücklicher und nachdrück-

licher protestirt, und denselben in seinen letzten spekulativen Verschanzungen unmittelbarer und durchgängiger angegriffen, als eben die Neueste. Allein jenes radikale Böse der menschlichen Natur scheint sich dafür an dieser Philosophie hart genug rächen zu wollen. Ohne sich damit zu begnügen, daß dieselbe durch den Schein des metaphysischen Egoismus bey so vielen schon verdächtig, verhaßt und verächtlich genug werden muß, hat sich jenes feindseelige Unwesen — nicht nur ohne, sondern gewiß auch gegen Wissen und Wollen, des Stifters jener Philosophie und seiner Mitarbeiter, in den Ton ihres Vortrages, besonders bey der Widerlegung ihrer Gegner, einzuschleichen gewußt. Wie muß dieser Ton in den Ohren derer, gegen welche er gerichtet ist, und die auch schon gegen die Sache, die er vertheidiget, eingenommen sind, wirken, da derselbe in meinen und aller der uneingenommenen Männer, die ich darüber urtheilen hörte, Ohren so übermüthig, anmaßend, trotzend, gewaltsam, stürmisch, kurz! über allen Ausdruck wunderlich klingt! Und wodurch unterschiede sich wohl dieser Ton, von demjenigen, in welchem die Herren Fichte und Schelling, in der Nikolaischen Reisebeschreibung nnd in den Jakobschen Annalen, und in diesen, besonderes der Erstere, durch den Inhaber des, weiland, einzig möglichen Standpunktes der kritischen Philosophie gemishandelt worden sind, als durch die Stärke der Kehle und Lunge, aus deren er hervorgeht, die höheren Gemüthskräfte die er misbraucht, und die bessere Sache die er entheiliget! Mir ist indessen jener leidige Umstand, der der neusten Philosophie so viele Feinde zugezogen, und so manchen möglichen Freund gekostet hat, ein überflüssiger Beweis, daß ihren Vertheidigern mehr die Wahrheit als ihr Ruhm am Herzen liegen müsse. Nur Wahnsinnige könnten mit solchen Maaßregeln die Angelegenheiten ihrer Selbstliebe durchsetzen wollen. Aber der, von der unbedingten Wichtigkeit seiner

Absichten begeisterte, über seinen schlecht-hin nothwendigen Endzweck sich selbst und alles andere vergessende Märtyrer der Wahrheit, kann wohl auch in seinem Eifer vergessen, daß seine Lehre von seinen Gegner verstanden seyn müßte, um für sie Wahrheit zu seyn; daß eine neue Lehre in dem Grade misverständlich sey, als sie neu ist; daß er die, welche ihn misverstanden haben, dadurch, daß er sie als Feinde der Wahrheit behandelt, so viel an ihm liegt, unfähig macht, ihn auch in der Folge besser verstehen; und daß er durch eine solche Behandlung der Anders-denkenden, alle, die nicht bereits wie er denken, und für die er doch allein redet und schreibt, gegen seine Denkart aufbringt, oder doch mistrauisch macht.

———

Paradox im günstigen Sinne dieses Wortes, wird irgendwo von Kant, ein, mit Verstand gewagtes Urtheil, genannt. Insgemein aber nennt man nur dasjenige gewagte Urtheil eines Andern so, über welches man mit sich selbst nicht einig werden kann: ob es mit Verstand oder mit Unverstand gewagt ist, und das also dem, der es so nennt, durch Vereinigung des Anscheins der Wahrheit mit dem Anscheine der Ungereimtheit auffällt. Ein mit Ueberzeugung gefälltes Urtheil, kann für den, welcher es fället, nie paradox seyn. Für Andere hingegen kann es bald aus **seiner Schuld**, — indem der paradoxe Schein, **in den Ausdruck**, entweder absichtlich von ihm selbst hineingelegt, oder durch verunglückte Wahl der Gedankenzeichen entstanden ist — bald **ohne seine Schuld** dadurch paradox werden, daß sich die Andern auf den Standpunkt des Urtheilenden nicht versetzen können, oder wollen. Für diese Andern wird der paradoxe Satz, auch dann, wenn er es nur **für sie** und nur durch **ihre Schuld** ist, gleichwohl nur durch die Schuld desjenigen, der ihn aufgestellt hat, unverständlich scheinen, und daher immer in einem **ungünstigen** Sinne Paradox heißen. Behauptungen, bey denen man gar nichts denken kann, nennt man schlechthin unverständlich; solche, bey denen man denken zu müssen glaubt, daß der Behauptende dabey nichts denken könnte, nennt man ungereimt; solche, bey denen man denken zu müssen glaubt, was und wie der Behauptende gedacht hat, nennt man wahr, solche endlich, bey denen man zwischen denken müssen und Nichtdenken können, dessen, was der Behauptende gedacht haben mag, hin und her schwankt, nennt man Paradox. Auch der natürliche, nicht philosophierende, sogenannte bloße Menschenverstand, erhebt sich durch ungemeine Talente und Willensthätigkeit, über den gemeinen alltäglichen Gesichtskreis, und die für ihn wahren Behauptungen sind für den gewöhnlichen Verstand, bald ungereimt, bald unverständlich, bald paradox. Hingegen müssen die Behauptungen der philosophirenden Vernunft, dem natürlichen Verstande des auch noch so talentvollen und kenntnißreichen Nichtphilosophen, im mer parador, und nichts als parador seyn. Sind diese Behauptungen wahr, (und nur unter dieser Voraussetzung können sie der philosophirenden Vernunft angehören) und richtig ausgedruckt, so kann der natürliche, entwickelte Verstand, sie nie völlig unverständlich finden, weil sie durchaus nichts betreffen können, was nicht zum Theil auch in seiner Ueberzeugung nothwendig enthalten ist. — Er kann sie nicht ganz ungereimt finden, weil sie nichts behaupten, als was auch er zum Theil denken muß und wirklich denkt. Aber eben so wenig können sie für ihn wahr seyn, weil sie zugleich auch immer etwas behaupten, was er als blosser natürlicher Verstand nie wirklich denkt, und denken kann. So ist die philosophische Behauptung: „daß die Dinge ausser dem „Ich für dasselbe nur durch dasselbe sind" für den natürlichen Verstand weder ganz unverständlich noch ganz ungereimt, noch ganz wahr, sondern parador. Ist nun die neueste Philosophie ihrer Form nach ächte und ihrem Inhalt nach, wahre Philoso: phie, so muß sie für den natürlichen Ver: stand den beschriebenen Charakter der Pa: radoxie haben. In wieferne die Phi: losophie aus ihren Principien die Vor: stellungsart des natürlichen Verstan: des abzuleiten vermag, in sofern kann diese Vorstellungsart für sie nichts pa: radoxes enthalten. Aber dem Philosophen, dessen wirkliches Wissen dem Inhalt nach jederzeit hinter dem durch die Philosophie möglichen Wissen un: endlich weit zurücke bleibt, muß die Vor: stellungsart des natürlichen Verstandes in allen denjenigen Begriffen, die er noch nicht aus seinen Principien abgeleitet hat, paradox seyn, so lange er sie lediglich aus seinem Stand: punkte betrachtet. Ist noch dazu ein gewisser, dem natürlichen und ge: sunden Verstande übrigens wesentlicher Begrif, in der natürlichen Vorstel: lungsart eines gewissen Philosophen ungesund, so wird dieser Philosoph den entgegengesetzten gesunden Begrif auch als Philosoph nicht etwa blos paradox sondern schlechthin ungereimt so lange finden müssen, bis er etwa durch das methodische Fortschreiten seines Wissens, durch unerwartete Ableitung, das Gegentheil findet. Der Philosoph, der zum Beyspiel, einen gesunden, zur religiösen Ueberzeugung des natürlichen Verstandes gehörigen Begrif, auf den ihn sein Philosophiren noch nicht geführt hat, als ungereimt verwirft, hat es freylich nur mit seinem eigenen ungesunden Begriffe zu thun, da ihm der gesunde fehlt. Aber er wird auch in der Vorstellungsart anderer Menschen, denen dieser nicht fehlt, immer nur den ungesunden zu finden glauben, und in sofern für den natürlichen Verstand keineswegs etwas blos paradoxes, sondern schlechthin ungereimtes und ärgerliches behaupten.

Der Philosoph, dem es nicht blos darum zu thun ist, für sich selbst durch seine Spekulation Wahrheit zu finden, sondern auch andere zu demselben Suchen und Finden einzuladen, und ihnen dasselbe zu erleichtern, ist eben dadurch genöthiget, den Standpunkt der reinen Spekulation zu verlassen, und auf den der blos natürlichen Vorstellungsart sich zu versetzen, um den Lesern, mit denen er es zu thun hat, und die er nur allmählig zu jenen Standpunkt hinleiten kann und muß, verständlich zu werden. Dadurch muß er für andere **Philophen**, die zwar von denselben Principien mit ihm ausgehen, aber dasjenige, was er von der Vorstellungsart des natürlichen Verstandes, um sich demselben verständlich zu machen, annimmt, noch nicht aus jenen Principien für **ihr** philosophisches Wissen abgeleitet haben, aufs wenigste paradox werden. Menschlicher Weise können in jenen, dem natürlichen Verstande abgeborgten Begriffen sich Merkmale eingeschlichen haben, die der sie gebrauchende Philosoph selbst noch nicht an seinen Principien geprüft hat, und die nicht völlig gesund sind. In diesem Falle sagt er für diejenigen Nichtphilosophen und Philosophen, welche jene Merkmale richtig denken, etwas schlechthin **ungereimtes**.

———

Alle Überzeugung, auch die der Erfahrung, ist nur durch Selbstdenken möglich. Aber die Ueberzeugung der bloſſen Erfahrung als solcher ist nur durch ein Selbstdenken möglich, welches durch äuſſere Wahrnehmung veranlaßt und abgenöthiget ist. Ob, und in wieferne diese Veranlaſſung auch gegründet, und jene Abnöthigung nicht eingebildet sey, kann die von der bloſſen Erfahrung ausgehende, und die Aechtheit der äuſſern Wahrnehmung vorausſetzende d. h. nur glaubende Vernunft keineswegs weder bezweifeln, noch unterſuchen, noch beweiſen, noch wiſſen. Fände sich nun gleichwohl unter einer gewiſſen Claſſe von Menschen das Bedürfniß, jenen Glauben einer Prüfung zu unterwerfen, so würde dieses Prüfen die prüfende, (philoſophirende) mit der glaubenden (natürlichen) Vernunft auf so lange entzweyen, bis es gelungen wäre ein Wiſſen ausfindig zu machen, welches von jenem Glauben ganz unabhängig wäre, und

und gleichwohl mit demselben harmonirte, und aus welchem sich, in so ferne jenes Glauben erklären ließe, bis es zu einem solchem Wissen käme, würden die Prüfenden nothwendig zwischen ß weifeln, und falschen Wissen (Skezticismus und Dogmatismus) hin und herschwanken müssen. Der zu prüfende Glauben, folglich auch die Erfahrung selbst, kann, wenn man anders weiß, was man will, keinesweges als wahr voraus gesetzt, und der Prüfung, der doch etwas zum Grunde gelegt werden muß, zum Grunde gelegt werden. Diß was dazu gebraucht werden kann, muß so lange verkannt werden, als es dem Forscher nicht gelungen ist, von dem was nicht zum Grunde gelegt werden darf, vollständig zu abstrahiren. Die innere und äussere Erfahrung sind als wirkliche Erfahrung an zeit erinnlich verbunden, so daß sie für in dieser Verbindung reale Erfahrung ausmachen. Man muß von beyden zugleich abstrahiren, wenn man von der **wirklichen** Erfahrung zu **abstrahiren** hat. Geschieht dieses nun nicht: so wird entweder nur die **äussere** Erfahrung der Prüfung unterworfen, die **innere** als das der Prüfung zum Grunde zu legende, über dieselbe Erhabene, als **Princip** vorausgesetzt, und der Glaube an äussere **Realität** durch den **idealistischen Dogmatismus** abgewiesen, — oder es wird nur die **innere** Erfahrung der Prüfung unterworfen, die **äussere** als das der Prüfung zum Grunde zu legende, über dieselbe Erhabene, als Princip vorausgesetzt, und der Glaube an **innere Realität**, durch den **realistischen Dogmatismus** abgewiesen. Der Skeptiker, insoferne scharfsinniger als beyde, denkt sich innere und äussere Erfahrung als unzertrennlich; findet daher jene beyden Systeme gleich ungereimt. Aber er hält die **Abstraktion von aller Erfahrung**, so nothwendig er dieselbe auch zur Prüfung der Erfahrung findet, für **vergeblich und willkührlich**, jene Prüfung selbst also, und alle Philosophie, so weit sie etwas anders, als die Einsicht in die Unerweislichkeit des natürlichen Glaubens, und in die Unmöglichkeit des reinen Wissens, seyn soll, für unmöglich.

Was man nun aber auch über die Zulässigkeit und den Erfolg der Abstraktion von der Erfahrung denken mag: so ist doch so viel gewiß, daß dieselbe zu einer Philosophie durchaus nothwendig sey, die kein Skepticismus, und daß sie als Abstraktion von allem Wirklichen, von innerer und äusserer Erfahrung, zu einer Philosophie nothwendig sey, die kein Dogmatismus seyn soll, das heißt, die nicht entweder als Idealismus oder als Realismus, dasjenige, was sie erweisen soll, zum theil als ausgemacht voraussetzt, und zum theil als unerweislich verwirft. Wir wollen jene Philosophie, die weder skeptisch noch dogmatisch ist, die Philosophie ohne Beynamen, oder wie wir hier einst weilen blos **problematisch annehmen,** in Rücksicht auf das, was ihre Ueberzeugung verglichen mit der natürlichen Ueberzeugung, Gemeinschaftliches und Eigenthümliches haben müßte, zu charakterisiren, versuchen.

Wäre alle natürliche Ueberzeugung nichts als Ueberzeugung der blossen Erfahrung: so würde die philosophische, die nur vermittelst der Abstraktion von der Erfahrung möglich ist, durchaus nichts mit der Natürlichen gemein haben; und der Skeptiker würde berechtiget seyn, jene Abstraktion von allem Wirklichen für etwas nur durch Phantasie mögliches und durch Vernunft unmögliches zu halten. Allein es ist wirklich eine natürliche Ueberzeugung vorhanden, bey welcher und in welcher von der äussern sowahl, als von der von äusserer abhängenden, innern Wahrnehmung, von allem, was in der Erfahrung wirklich ist, **nothwendig** abstrahirt wird, und welche keineswegs das, was da ist, sondern, was in der Erfahrung seyn soll, und nur durch die Freyheit unsres Willens bewirkt werden kann, zum Gegenstand hat. Diese Ueberzeugung wird auch schon durch den blossen natürlichen Verstand von der Ueberzeugung der blossen Erfahrung unterschieden. Als natürliche Ueberzeugung bezieht sie sich zwar auch, aber nicht unmittelbar, auf die Erfahrung, und nicht auf die blosse Erfahrung, sondern auf das, was in der Erfahrung durch Freyheit und insoferne unabhängig von der Erfahrung geschehen soll. In Rücksicht auf diesen ihren besondern Gegenstand, der im Thun und Lassen besteht, heißt sie die Praktische, während die Ueberzeugung der blossen Erfahrung, in wieferne sich dieselbe auf das unabhängig von unsrem Willen wirkliche einschränkt, die theoretische heißt. Das Selbstdenken, das der praktischen Ueberzeugung, als solcher, zum Grunde liegt, hat das Eigenthümliche, daß es sich unmittelbar auf die Freyheit des Willens bezieht, und daß es also der Person nur in Rücksicht auf ihr Wollen, aber, da eben in dem Willen überhaupt das Wesen der Persönlichkeit besteht, darum auch der Person als Person schlechterdings nothwendig ist. Durch dieses nothwendige Selbstdenken der Freyheit entsteht, und in demselben besteht diejenige Ueberzeugung, welche ihrer unmittelbaren, in ihrer Art einzigen, völligen Gewisheit wegen, das Gewissen heißt, aus welchem zu handeln, und welche zu haben für jedermann Pflicht ist, und welche den über alle Erfahrung erhabenen und erhebenden Glauben an Gott und Unsterblichkeit in sich begreift.

Von diesem praktischen Selbstdenken in der natürlichen Ueberzeugung unterscheidet sich das Philosophische dadurch, daß es keineswegs, wie jenes; zu den freyen Handlungen auf dem Gebiethe der Erfahrung vorausgesetzt wird; der Person, als solcher, nicht nothwendig ist; keineswegs zum Wesen der Menschheit gehört. Man kann ohne alles Philosophiren sich seiner Selbst bewußt werden, freyhandeln, seine Pflicht thun u. s. w, Da aber jenes Selbstdenken auch nicht durch wirkliche Wahrnehmung abgenöthiget seyn kann, von der ja bey demselben abstrahirt werden soll, so muß es ein schlechthin freyes Selbstdenken seyn.

Die durch dieses freye Selbstdenken zu bewirkende Ueberzeugung kann also weder Ueberzeugung des Gewissens, noch Ueberzeugung der Erfahrung (weder moralische und empirische) seyn; aber sie hat mit der letztern gemein, daß sie keine praktische, etwas ausser sich wirklich machende, sondern eine blos theoretische — und mit der Erstern, daß sie von dem Wirklichen als solchen, und eben darum von dem, was an sich nicht bloße Ueberzeugung ist, unabhängige, und insoferne reine Ueberzeugung ist. Reine theoretische Ueberzeugung ist aber nicht mehr und nicht weniger als lauteres, selbstständiges wissenschaftliches Wissen; und das Selbstdenken, das auf dieses Wissen ausgeht, ist das Spekulative.

Die Ueberzeugung, sowohl des Gewissens als auch der blossen Erfahrung, können und sollen zwar durch das freywillige Bestreben des Menschen in ihm fortwährend ausgebildet werden. Aber ursprünglich sind sie von seiner Willkühr unabhängig, und durch Nothwendigkeit seiner Natur in ihm vorhanden. Darum heissen sie eben die Natürliche Ueberzeugung, während die reine theoretische, da sie eine Abstraktion voraussetzt, die nur in der praktischen Ueberzeugung nothwendig (natürlich) bey der Natürlich-theoretischen unmöglich), bey der Reinen hingegen nur durch Absicht und Entschluß möglich ist, die Künstliche heissen muß. Das spekulative Selbstdenken und das durch sie bewirkte Wissen sind blosse Kunstoperation und blosses Kunstwerk; denn sie sind ursprünglich nur durch absichtliche Veranstaltung hervorgebracht; auch setzen sie im Philosophen von Profession besondre Uebung und Fertigkeit voraus.

Das künstliche Selbstdenken ist frey, theils weil es dem Menschen nicht durch Natur nothwendig, theils weil es nur vermittelst eines besondern Entschlusses möglich ist. Es kann dasselbe nur insoferne zur Wirklichkeit kommen, inwieferne die Person reine theoretische Ueberzeugung um ihret selbstwillen beabsichtiget, und daher sich zu dem von allem wirklichen abstrahirenden Selbstdenken, als zu der für jene Absicht nothwendigen Handlung, entschließt. In dieser Rücksicht ist die Spekulation ihr eigener Endzweck, sie strebt nach einer, sowohl vom Gewissen, als von der Erfahrung, verschiedener und von beyden unabhängiger, schlechthin freyen Ueberzeugung, nach spekulativer Wahrheit, die nur dadurch möglich ist, daß man nichts weiter als nach ihr strebt.

Aber jeder mögliche Entschluß steht unter dem Sittengesetze, und das Gewissen macht es dem Selbstdenker schlechthin nothwendig, nur aus Pflicht nach spekulativer Wahrheit zu streben. Beydes also, das Streben nach spekulativer Wahrheit um ihrer selbst: willen, und das Streben nach derselben um der Pflicht willen, muß sich in Einem und demselben Entschlusse vereinigen lassen, und die theoretische Wahrheit, die der Selbstdenker in seinem Wissen, und die praktische, die der sittliche Mensch in seinem Handeln zu realisiren hat, müssen an sich selbst, und als reine Wahrheit, so weit sie durch unser Denken erreichbar sind, völlig dasselbe seyn. Dieß ist auch allerdings der Fall. Sittlich handeln ist nichts anders als etwas frey und aus bloſſer Ueberzeugung durch seinen Willen wirklich machen, die Ueberzeugung blos um ihrer selbstwillen in der Erfahrung realisiren; und nach spekulativer Wahrheit um ihrer selbstwillen streben, ist nichts anderes als bloße Ueberzeugung um ihrer selbstwillen in seinem Bewußt: seyn wirklich machen, die Ueberzeugung um ihrer selbstwillen im bloßen Wissen realisiren. Es ist nichts als Ueberzeu: gung um ihrer selbstwillen, was sowohl der spekulative Selbstdenker als solcher beabsichtigen muß, und was er als sittlicher Mensch beabsichtigen soll. In der einen Rücksicht ist sie ihm nur unter der Voraussetzung, daß er sich zu dem künstlichen reinen Wissen erheben will, in der andern Rücksicht ist sie ihm aber schlechthin nothwendiger End: zweck; indem er als Person durchaus nichts wollen darf, was er nicht aus Ueberzeu: gung um ihrer selbstwillen will.

Die Natur geht aller Kunst vorher, und liegt derselben, wenn sie nicht Künste: ley werden soll, zum Grunde. Auch der spekulative Selbstdenker muß die reine Ueberzeugung vorher als Natürli: che kennen gelernt haben, bevor er dieselbe durch Kunst in sich hervorzubringen, bevor er sie frey der Natur nachzubilden ſtrebt. Sie iſt aber als **natürliche** Ueberzeugung nur im Gewiſſen, und in demſelben nur in der Eigenſchaft der **praktiſchen** Wahrheit möglich und wirklich; und kündiget ſich unter dieſem Charakter urſprünglich nur durch das **ſittliche Gefühl** an. Daher iſt auch das ächte ſpekulative Selbſtdenken vom Anbeginne her immer von dem **ſittlichen Gefühle** ausgegangen, und der **ſittliche Endzweck** deſſelben war der erſte, auffallendſte, unſtreitigſte Charakter, wodurch ſich dieſe beſondere Beſchäftigung des Geiſtes unter allen andern auszeichnete, und was derſelben den Namen des Philoſophierens zuwege brachte, der ſeiner bekannten Etymologie zufolge, Liebe der Weisheit, d. i. derjenigen Erkenntniß, welche das ſittliche Handeln zum Endzweck hat, — Streben nach derjenigen Veredlung des Wiſſens, die zur Veredlung des Handelns führt, — Verſuch, die Vereinigung der theoretiſchen Wahrheit mit der Praktiſchen zu bewirken, — bedeutet.

Ein bestimmter Begriff von reiner Ueberzeugung ist nicht eher möglich, als reine theoretische Ueberzeugung zur Wirklichkeit gelangt ist, oder welches dasselbe heißt, der Begriff vom reinen Wissen ist nur erst mit dem wirklichen reinen Wissen, folglich nur dann erst möglich, wann es dem menschlichen Geiste gelungen hat, reine Ueberzeugung, die er ursprünglich nur durch das sittliche Gefühl kennt, durch einen Begriff zu erreichen, und in demselben festzuhalten. Diesen Begriff kann er nur dann erst erreichen, wenn ihm die Abstraktion von allem Wirklichen, die im Dogmatismus mislingt, und im Skepticismus nicht gewaget wird, in der That gelungen ist. Bis dahin giebt es kein wirkliches reines Wissen; und das Schicksal des Bestrebens nach einem nicht bestimmt bekannten Ziele, ist bloße Annäherung zu einem, einst wirklichen, reinen Wissen, zu dem der menschliche Geist durch seine, im Streite zwischen den

Dogmatikern und Skeptikern, fortwährend erneuerte und verbesserte Versuche, fortschreitet. Bis dahin kann er das angebliche Wissen, welches er durch diese Versuche gewonnen hat, nur mit dem Namen der Absicht, durch die er dazu gelangt ist, nur Philosophie — nicht strenge Wissenschaft nennen. Die letztere Benennung bleibt so lange ausschliessend der Mathematik eigen, in welcher die äussere Anschauung der blossen Grösse, zwar kein eigentlich reines, aber doch ein unter der Voraussetzung jener Anschauung, völlig gewisses, Wissen möglich macht. Ist aber einmal jene Abstraktion gelungen, und hat der menschliche Geist den ersten Schritt auf das Feld des wirklichen reinen Wissens mit vollem Bewußtseyn dessen was er dabey thut, gethan; so nimmt sein bisheriges Streben nach reinem Wissen einen andern Charakter an; es hört auf Annäherung zu demselben zu seyn, und wird Fortschreiten in demselben; und aus der Philosophie, wird spekulati-

…wes? und eben darum rein wissenschaftliches Wissen.

Die Ueberzeugung des Gewissens ist, als wirkliche, reine Ueberzeugung über allen Zweifel erhoben. Sie bedarf, um als vollständige Ueberzeugung vorhanden zu seyn, keines künstlichen Bestrebens, und ist durch jedes Bestreben dieser Art unmöglich. Auch die Ueberzeugung der Erfahrung, als solcher, schließt, in wie ferne sie sich auf wirkliche äussere und innere Wahrnehmung beziehet, allen Zweifel aus. Allein die Erfahrung jedes einzelnen Menschen ist mehr oder weniger beschränkt; die äussere und noch mehr, die durch dieselbe bedingte, innere Wahrnehmung ist selten rein, und von Täuschungen durch Phantasie unvermischt. Niemand, der die Meynungen, Muthmassungen, Ahndungen, willkührlichen Voraussetzungen, mit denen er sich neben seinen Ueberzeugungen und oft an der Stelle derselben, behelfen muß, bedenkt, wird sich rühmen können, daß er seiner Erfahrung nichts als Ueberzeugung zu verdanken habe, und daß sein Bedürfniß nach Ueberzeugung durch bloße Erfahrung befriediget werde. Daher das Bestreben, die eigene Erfahrung mit fremder zu vergleichen, um sie dadurch zu erweitern und zu berichtigen, — das Unzureichende der bisherigen Wahrnehmungen durch eigens dazu veranstaltete, Neue zu ergänzen, und seine Erfahrungsbegriffe durch Nachdenken zu immer größerer Klarheit und Deutlichkeit zu erheben. Dieses Bestreben ist die natürliche Aufklärung, zu welcher sich der Mensch theils durch das Gewissen, theils durch den Trieb nach Wohlbefinden, aufgefordert fühlt. Diese Aufklärung mag nun als die Erläuternde, in wie ferne sie die schon vorhandenen Erfahrungsbegriffe durch Nachdenken zergliedert, und zur Deutlichkeit erhebt, (in welcher Eigenschaft sie von Unphilosophen, die gerne auch Philosophen seyn möchten, so oft mit der Philosophie verwechselt wird) oder als die **Erweiternde,** in dem sie jene Begriffe durch neue Wahrnehmungen bereichert, betrachtet werden, — **ist durchaus kein Streben nach reinem Wissen kein Philosophieren,** und keine philosophische und in so ferne künstliche, sondern die, nur im Gegensatz mit dieser denkbare, bloße natürliche, Aufklärung; sie ist nichts als populäre Kultur der Verstandes — nichts als die intensiv, und extensiv weiter gehende Erfahrung selbst. Jede, der durch sie möglichen Ueberzeugungen ist in praktischer Rücksicht, nämlich zu der durch das Gewissen geforderten Handlung, zu der sie vorausgesetzt wird, völlig zureichend, wenn sie anders mit keinen willkührlichen Irrthume behaftet ist. Aber wird von der Sanktion, die ihr das Gewissen für den Fall des durch Pflicht nothwendigen Handelns giebt, und durch die sie praktisch gewiß wird, weggesehen, wird dieselbe als bloße theoretische, von der Wahrnehmung abhängende, Ueberzeugung, als bloße Erfahrung betrachtet; wird anf das, was sie der Wahrnehmung als solcher verdankt hingesehen: so wird sie von jedem Selbstdenker mangelhaft und unzureichend befunden werden müssen. Denn der, ihren Inhalt ausmachende, sich auf bloße Wahrnehmung beziehende Begriff, ist und bleibt seinem ganzen Wesen nach, theils der ferneren Erläuterung durch Nachdenken, theils der ferneren Erweiterung durch neue Wahrnehmungen, fähig und bedürftig. Der Erfahrungsbegriff setzt zu seiner völligen theoretischen Bewährung immer neue Erfahrungsbegriffe voraus. Jede bisherige Erfahrung weiset auf eine künftige hin. Jede bisher bekannte Beschaffenheit und Begebenheit, ist nur als Wirkung einer Andern noch Unbekannten aber in der Erfahrung nothwendig aufzusuchenden Ursache begreiflich; und es ist nie eine, in theoretischer Rücksicht, völlige und befriedigende Ueberzeugung der bloßen Erfahrung möglich.

Diese **Unvollständigkeit**, und dieses **Unbefriedigende** der **natürlichen theoretischen** Ueberzeugung, als solcher, wird dem Selbstdenker erst recht auffallend, wenn er dieselbe mit der Vollständigkeit und dem Befriedigenden der ebenfalls **natürlichen** Ueberzeugung des Gewissens vergleicht. Es entsteht dann in ihm die Ahndung und der Wunsch einer **theoretischen** Ueberzeugung, die wo möglich an Wahrheit, Gewißheit, und Selbstständigkeit der **Praktischen** gleiche. In dieser Ahndung und diesem Wunsche liegt schon die unvollkommene, mehr oder weniger klare, aber **undeutliche, Idee** eines sich über die, nie zu vollendende, Erfahrung, und die, unsvollständige, Ueberzeugung derselben, erhebenden Wissens. Je gewissenhafter dieser Selbstdenker ist, desto einleuchtender findet er sich durch das Gewissen über das Wirkliche der bloßen Erfahrung und über seine Abhängigkeit von demselben erhaben. Es fühlt die **Nothwendigkeit** seiner **Freyheit,** und glaubt daher an die Wirklichkeit derselben. Dieses Gefühl, und dieser Glaube, verbunden mit dem Bewußtseyn: daß auch die Ueberzeugung der Erfahrung, so weit sie Ueberzeugung ist, durch Selbstdenken entsteht, veranlassen ihn zu den Versuch: ob und in wie ferne die Unvollständigkeit dieser Ueberzeugung nicht etwa durch freyes Selbstdenken aufzuheben, oder zu ersetzen; ob, und in wie ferne, das, was an der Erfahrung zwar Ueberzeugung, aber nicht reine Ueberzeugung ist, nicht etwa durch ein besonderes, von der Erfahrung unabhängiges, und der Freyheit vielleicht gelingens des Selbstdenken als reine Ueberzeugung hervorzubringen wäre?

Er weiß, daß er im Gewissen von dem Wirklichen als solchem, nothwendig abstrahiren müsse, um sich zum Behuf des Handelns aus Pflicht frey zu finden. Aber er weiß auch, daß er selbst zum Behuf jener nothwendigen Abstraktion wieder auf ein von seiner Freyheit unabhängiges Wirkliche in der Erfahrung, worauf er durch seine Freyheit handeln soll, reflektiren müsse. Er weiß also, daß er sich durch jene Abstraktion nur in Rücksicht auf die innere Selbstbestimmung seines Entschlusses als schlechthin von dem Wirklichen unabhängig, und frey, in Rücksicht auf die äussere Veranlassung des Entschlusses aber, an das Wirkliche als solches gebunden finden müsse, daß ihm also durch diese Freyheit, welche die bloße praktische ist, keineswegs ein reines Wissen zustand kommen könne, das nur unter Voraussetzung einer nicht auf das freye Handeln in der Erfahrung beschränkten, sondern jede Reflexion auf das Wirkliche ausschliessenden, Abstraktion möglich seyn könnte. Eine solche absolute Abstraktion würde nur durch absolute Freyheit selbst möglich, sie würde aber auch unvermeidlich seyn, wenn absolute Freyheit lediglich auf sich selber reflektirte, oder was dasselbe heißt, wenn der Philosoph aus absoluter Freyheit über die absolute Freyheit in sich selber reflektirte. Daß der Philosoph dieses vermöge, daß er absolute Freyheit habe, und daß dieselbe in ihm durch Reflexion auf sich selbst handeln könne, kann er nur dadurch wissen, und kann er sich selbst nur dadurch beweisen, daß er sich selbst zu dieser Freyheit emporschwingt, die entweder gar nicht oder nur durch sich selber möglich und wirklich seyn kann; daß er sich, der Individualität seines wirklichen Ichs entäussere, und daß er die Freyheit in sich selbst, durch bloße Freyheit und aus bloßer Freyheit, und als bloße Freyheit anschaue, die er im Gewissen zwar auch in sich und durch Freyheit aber aus Nothwendigkeit und nur als praktische Freyheit anschauen muß. Die natürliche Selbstanschauung der Freyheit im Bewußtseyn der Pflicht ist in jedem Menschen vorhanden, ist der Person als Person nothwendig, und ist in so

ferne bloße Thatsache, als der Mensch sie in sich selbst findet, ohne wissen, wie er dazu gelangt ist. Die künstliche Selbstanschauung der Freyheit im Philosophen, ist nur im Philosophen vorhanden, ist nur der Philosophie, als solcher, nothwendig; ist, dem Menschen als Menschen zufällig, und in ihm nur durch sein freywilliges Streben nach reinem Wissen, und durch eine Abstraktion die in dem natürlichen Bewußtseyn unmöglich ist, hervorgebracht. Der Philosoph weiß, wie er zu jener Selbstanschauung gelangt ist, sie ist seine eigene That=
handlung.

Er nennt jene künstlich in sich hervorgebrachte Selbstanschauung Ich, weil sie mit dem, was er auch sonst so nennt, den Charakter gemein hat, daß sie sich selbst Objekt und Subjekt zugleich ist; aber er unterscheidet sie durch den Beynamen des Reinen von seinem und jedem individuellen Ich, welches sich in dem natürlichen Selbstbewußtseyn ankündiget, in demselben sich immer auf wirkliche

Erfahrung bezieht, und sich nur durch die praktisch-nothwendige Abstraktion, und zum Behuf dessen, was durch Freyheit in der Erfahrung geschehen soll, als reines (praktisches) Ich denkt. So wenig ihm als Menschen sein gesunder Verstand zulassen wird, die praktisch-nothwendige Selbstanschauung, das reine Ich, welches ihm sein Gewissen vorhält, und welches nur das schlechthin nothwendige Vorbild seines Thuns und Lassens als Person ist, für sein wirkliches Individuelles Ich anzusehen: so wenig kann er, als Philosoph, wähnen: jenes reine theoretische Ich, zu dessen Bewußtseyn er sich durch seine Kunst erhoben hat, sey entweder schon sein wirkliches Ich, oder dieses könne in irgend einem Zeitpunkte in jenes verwandelt werden. Er weiß, daß dasselbe reine Ich, das in praktischer Rücksicht seine ganze Realität als Person in der Erfahrung begründet, und ihn über die Erfahrung hinaus zum Glauben an Gott und Unsterblichkeit erhebt, für seinen natürlichen Vernunftge-

brauch in theoretischer Rücksicht
nichts sey, und nie etwas werden
könne, und daß der künstliche Vernunftgebrauch, für den jenes reine Ich freylich Alles ist, in einem offenbaren Wider-
spruch der Vernunft mit sich selbst, in
absolute Unvernunft ausarten müßte,
wenn er sich einfallen liesse: es könne durch
jenes reine Ich irgend etwas anderes wirklich seyn und wirklich werden als lediglich
reines Wissen, spekulative Ueberzeugung, blosse Philosophie.

Dieses Wissen ist, als Wissen überhaupt, nur dadurch möglich, daß zum
Anschauen ein Denken hinzukömmt;
aber als reines Wissen nur dadurch, daß
dieses Denken nicht weniger als das
Anschauen, worauf es sich bezieht, durch
absolute Freyheit geschieht. Die im
Bewußtseyn des Philosophen sich
selbst anschauende Freyheit ist es, die sich
zugleich selbst denkt. Sie denkt sich
dabey nichts, als sich selbst, denkt sich
rein, als blosse Freyheit und durch blosse
Freyheit — sie denkt sich also insoferne

nicht als den Willen, und nicht als die Denkkraft, sondern zwar auf einen Entschluß des Philosophen und durch die Denkkraft desselben — aber sie denkt sich nur als bloße sich selbst anschauende Freyheit. Für den Philosophen ist ihr Handeln — sein Denken und Anschauen desselben; für sie selbst ist es — bloße Selbstbestimmung im Bewußtseyn des Philosophen, der insoferne nur den Akten dieser Selbstbestimmung zusieht. Die Art und Weise, wie die Freyheit im Philosophen sich selbst denkt, wird ihr schlechthin nothwendig; aber doch nur darum, weil sie nichts als sich selbst denken gewollt hat. Sie muß sich nun so denken, wie sich denkt; und dieses nothwendige Selbstdenken, der sich selbst anschauenden Freyheit ist eben darum für den Philosophen Ueberzeugung, und reines Wissen. Wird die Abstraktion, durch welche er sich in den Zustand des reinen Selbstdenkens und Selbstanschauens versetzt hat, nicht durch Reflexion auf das, wovon er abstrahirt

hat, unterbrochen, so muß das Selbstden:
ken der sich selbstanschauenden Freyheit von
dem ersten Denkakte, durch welchen
dem Philosophen die erste reine Ueberzeugung, der erste Schritt auf dem Ge-
biete des reinen Wissens zu Stand kam,
zu einem Zweyten übergehen, der durch
den Ersten herbeygeführt, einen dritten
und so ins unendliche herbeyführt. Denn
die Freyheit bleibt nach jedem Akte
der Selbstbestimmung, wodurch sie sich
nur durch sich selbst und für sich selbst
bestimmt, sich selbst anschauende Freyheit;
und muß um sich als Freyheit ferner
denken zu können ihr Selbstbestimmen ohne Ende fortsetzen. Seiner
innern Natur nach kann dieses Selbstbestimmen weder je still stehen, noch je vollendet
werden. Es schreitet nothwendig zu immer
neuen Akten, deren jeder eine neue Ueberzeugung ist, fort, bis es nicht durch Aufhebung der künstlichen Abstraktion, durch
die es bedingt ist, aufgegeben wird. Das
zur Wirklichkeit gebrachte, im Bewußtseyn
aufgestellte, und durch Worte dargestellte,

reine Wissen des Philosophen geht freylich nie weiter als bis dahin, wo jene Abstraktion unterbrochen wurde. Aber der Philosoph weiß, daß das an sich mögliche reine Wissen ins Unendliche fortgehen müsse, daß in der nothwendig unendlichen Reihe der Selbstbestimmungen der Freyheit alle möglichen Ueberzeugungen enthalten seyn müssen, und daß auch diejenigen, welche erst künftig zur Wirklichkeit gelangen, in wieferne sie nothwendig durch die vorhergegangenen herbeygeführt sind, mit denselben nur ein Einziges Wissen ausmachen können.

Jene nothwendig unendliche Reihe ist nur für und durch die sich selbstdenkende Freyheit möglich und nothwendig, und immer nur bis zu einem gewissen Punkt, nämlich bis dahin wirklich, wohin es die im Bewußtseyn des Philosophen sich selbstbestimmende Freyheit gebracht hat, d. h. so weit der Philosoph mit seinem wirklichen Selbstdenken gelangt ist. Von diesem Punkte an giebt es für die sich selbst denkende Freyheit, folglich auch für den Philosophen als solchen, nichts als was durch das nothwendige Fortsetzen jenes Selbstdenkens möglich ist, so wie bis zu diesem Punkt hin nichts, als was durch bisheriges Selbstdenken wirklich würde; und beydes ist nichts als die durch sich selbst bestimmte und durch sich selbst ins Unendliche bestimmbare Freyheit. Für sie und durch sie ist ins unendliche nichts möglich und wirklich als sie selbst in ihren Handlungen. Zwischen ihr, und der ganzen Unendlichkeit liegt kein Erfahrungsbegrif, kein von ihr unabhängiges Objekt. Wenn für sie Erfahrungsbegriffe und solche Objekte möglich seyn sollten; so müßten dieselbe nur durch sie möglich und nothwendig, folglich für sie auch nur ihr eigenes nothwendiges Handeln seyn, nur durch das Denken und Anschauen ihrer Selbst erzeugt seyn. Dieses ist eben auch wirklich der Fall. Die sich selbst denkende Freyheit gelangt bey ihrem Fortschreiten auf einen Punkt, wo sie in sich und durch sich selbst, und nur um sich selbst denket zu können Dasselbe selbstdenkt, was der natürliche Verstand zum Behuf der natürlichen Ueberzeugung selbstdenken muß, in wieferne er überzeugt ist, und so weit seine Ueberzeugung als solche reicht. Blos um sich selbst denken und anschauen zu können, thut sie dann dasselbe, was das wirkliche Ich in dem natürlichen Selbstbewußtseyn thun muß, um sich als frey handelnd in der Erfahrung denken zu können, und was dasselbe in diesem Selbstbewußtseyn, veranlaßt durch Wahrnehmung (durch Eindrücke) thut.

Ueberzeugung überhaupt, sie sey spekulativ oder natürlich, ist ihrem inneren Wesen nach nur durch ein nothwendiges, und auf Freyheit sich beziehendes Selbstdenken möglich. In der natürlichen Ueberzeugung, als solcher, bezieht sich zwar das Selbstdenken einerseits durch die Wahrnehmung auf das Wirkliche, was das Ich durch seinen Willen frey zu behandeln, und durch seine Denkkraft zu erforschen hat. Aber dieses Selbstdenken wird nur durch ein Anderes, das damit unzertrennlich verbunden ist, das sich unmittelbar auf Freyheit bezieht; und zunächst das Selbstbewußtseyn bedingt, erst zur Ueberzeugung erhoben. Dieses letztere Selbstdenken ist ein Reines, in wieferne es der Freyheit, nur als Freyheit, folglich durch sich selbst nothwendig; aber es ist auch nur ein praktisches reines Selbstdenken, weil es der Freyheit nur zum Behuf ihres Handelns auf das Wirkliche, folglich nur als einer Freyheit des Willens, und für das, was durch Sie in der Erfahrung geschehen soll, (in praktischer Rücksicht) nothwendig ist, in welcher Rücksicht auch allein die Ueberzeugung der Erfahrung, die in theoretischer Rücksicht immer unvollständig bleibt, ihre völlige Gewisheit erhält. Die spekulative Ueberzeugung ist auch ein Selbstdenken, das sich auf die Freyheit bezieht, und durch dieselbe und für dieselbe nothwendig ist. Aber sie ist nicht, wie die natürliche, nicht durch Reflexion auf das Wirkliche, sondern umgekehrt, durch Abstraktion von demselben bedingt. Die Freyheit erhebt sich hier nicht, wie dort, über das Wirkliche, um sich als handelnd auf das Wirkliche zu behaupten, sondern um ein reines Wissen in sich selbst und durch sich hervorzubringen, das ihr in der Erfahrung durch das Wirkliche, und selbst durch ihr Handeln auf dasselbe, unmöglich gemacht wird.

In der natürlichen Ueberzeugung ist immer etwas in theoretischer Rücksicht ungewisses enthalten, welches, so weit es die Pflicht eines jeden Menschen erheischt, durch fortgesetztes natürliches Selbstdenken über das Wahrgenommene, und damit verbundene fortgesetzte Wahrnehmung, immer gewisser werden kann und soll; ungeachtet es nur durch ein ins Unendliche fortgehendes und zugleich vollendetes Fortschreiten allein, folglich nie, völlig gewis werden kann. Eben in dieser, jedem Objekte und jedem Subjekt wirklicher Erfahrung, so weit dasselbe

Wirklich ist, wesentlichen und eigenthümlichen Bestimmbarkeit ins Unendliche durch künftige Erfahrung besteht die Individualität alles Wirklichen, als solchen. Diese Individualität, auf die sich jede Wahrnehmung bezieht, und beziehen muß, wenn sie Wahrnehmung des Wirklichen seyn soll, ist (vermittelst der Wahrnehmung) wesentliche Bedingung der natürlichen Ueberzeugung, die ohne dieselbe keinen reellen Gegenstand haben würde. Die Ueberzeugung geht nur vermittelst der Wahrnehmung auf das Reelle; aber sie geht als theoretische Ueberzeugung (mit ihrer innern Gewißheit) nur so weit als das Selbstdenken des Wahrgenommenen, folglich nur so weit als dasjenige, was aus dem, ins unendliche bestimmbaren Inhalt der Wahrnehmung durch Selbstdenken ausgehoben, zur Bestimmtheit im Selbstbewußtseyn, zum Begrif, erhoben, folglich aus dem Individuellen ins Allgemeine übergangen ist, wobey das Allgemeine (der Begrif) nur in soferne wahr ist, als es sich auf das Individuelle, dieses aber nur in soferne gewis, als es sich auf jenes bezieht. Die Unerschöpflichkeit der Individualität durch Erfahrungsbegriffe ist die wahre Ursache der Mangelhaftigkeit aller blos natürlichen theoretischen Ueberzeugung, die eben darum des Fortschreitens ins Unendliche durch natürliche Aufklärung fähig und bedürftig ist. Jede Ueberzeugung der Erfahrung ist (in theoretischer Rücksicht) nur durch ihre Beziehung auf weitere Bewährung in einer ins unendliche fortschreitenden Erfahrung, und unter der Bedingung, daß sie bey der Wahrnehmung, die ihren Inhalt ausmacht, nicht still stehen bleibt, wahr und gewis. Den Charakter völliger Gewisheit kann sie nur fürs Gewissen und durchs Gewissen erhalten, wo die Freyheit, zum Behuf ihres Handelns auf das Wirkliche, sich nothwendig, als Freyheit, selbstdenkt, und um sich in dieser Eigenschaft selbst denken zu können, das Objekt der Wahrnehmung sich, in der Idee, als ein an sich durchgängig bestimmtes entgegen setzt.

Die Individualität hat mit der Freyheit gemein, daß beyde ins Unendliche bestimmbar sind, diese durch sich selbst und für sich selbst, für ihr fortschreitendes Handeln, — jene für die fortschreitende Wahrnehmung und das sich darauf beziehende Denken. Bey der natürlichen, theoretischen Ueberzeugung, dem empirischen Wissen, ist die ins Unendliche fortgehende Bestimmbarkeit Bedingung der Ueberzeugung. Bey der philosophischen Ueberzeugung ist umgekehrt die Ueberzeugung Bedingung der Bestimmbarkeit ins Unendliche. Jede schlechthin freye Selbstbestimmung im Bewußtseyn des Philosophen ist an und für sich eine vollständige Ueberzeugung, die jede darauffolgende, ins Unendliche, nur in so ferne voraussetzt, als sie selber von dieser vorausgesetzt wird. Die schlechthin Erste ist durch bloße Freyheit, nnd in so ferne bloß durch sich selbst, was sie ist; und nur durch diese Erste, wird die Zweyte, durch diese die Dritte und so jede ins Unendliche der Freyheit schlechthin nothwendig. Jede Vorhergehende ist die völlige Gewährleistung der gleichen Wahrheit und Gewißheit für alle möglichen künftigen, das selbstständige Fundament, die einzige, ursprüngliche, unerschöpfliche Quelle für den Inhalt und die Form eines ins unendliche fortschreitenden reinen Wissens.

Der Philosoph anticipirt also durch sein Wissen für die Ueberzeugung der Erfahrung, als solcher, diejenige Bewährung, welche dieselbe als Wissen, nur durch ein Fortschreiten ins unendliche, und also nie erreichen kann. Er vollendet durch die absolute Selbstbestimmung in einem künstlichen Selbstdenken, was in dem Natürlichen durch die auf Wahrnehmung sich beziehenden Begriffe nie vollendet werden kann. Er stellt die absolute Gewißheit vor aller möglichen Erfahrung (*à priori*) hin, die für die wirkliche Erfahrung nur in einer ewigen Zukunft (*à posteriori*) enthalten ist.

Allein der Philosoph kann und darf nicht vergessen, daß seine wirkliche Ueberzeugung nicht weiter als sein wirkliches spekulatives Selbstdenken geht, das zwar an sich, und für sich, ins unendliche fortgehen soll, aber für den Philosophen als menschliches Individuum, das sich seiner Individualität immer nur auf kurze Zeit zum Behuf des künstlichen Wissens entäussern kann, immer nur eine endliche, größere oder kleinere, Summe von bisherigen Akten der absoluten Selbstbestimmung enthalten kann, immer nur aus einer bestimmten Quantität eines bis zu einem gewissen Punkt, bey dem die Abstraktion von wirklichen abgebrochen wurde, fortgeschrittenen reinen Wissens bestehen muß. Er kann und darf nicht vergessen, daß weder Er, noch irgend ein Anderer in jeder künftigen Zeit, das reine Wissen erschöpfen könne, und daß also durch sein wirkliches Wissen nie gefunden werden kann, was eine Vollendung alles möglichen reinen Wissens voraussetzte.

Daher muß er auch wissen, daß ihm jede Individualität, als solche, d. h. in wie ferne er sie nicht etwa durch einen bloßen Begriff als Individualität überhaupt denkt, jede individuelle Individualität, ewig unbegreiflich bleiben muß. Er kann zwar aus seinem reinen Wissen deduciren, daß die absolute Freyheit, um sich selbst denken zu können, Individualität zum Behuf einer für sie und durch sie — (nämlich unter der Voraussetzung ihres ewigen Fortschreitens) möglichen eben darum, aber immer nur möglichen Erfahrung denken müsse. Aber Er kann nie eine wirkliche Individualität in seinem Bewußtseyn hervorbringen; er kann das, was seinen eigenen Beweisen zufolge für die Selbstbestimmung immer ins unendliche bloß bestimmbar bleiben, und in so ferne als ins unendliche unbestimmt gedacht werden muß, keineswegs als durchgängig bestimmt und keiner weitern Bestimmung fähig denken. Er weiß zwar, daß in der unendlichen Reihe des philosophischen Wissens alle möglichen Ueberzeugungen liegen müssen, aber auch daß die Individualität des Wirklichen in dieser Reihe nicht liegen könne, weil dieselbe eine Unendlichkeit der Bestimmungen als das durchgängig, absolute, an sich selbst bestimmte, voraussetzt, folglich das letzte Glied in jener Reihe, die kein letztes Glied hat, und haben kann, seyn müßte. Wo die absolute Selbstbestimmung im wirklichen Bewußtseyn aufgehört hat, da liegt für den Philosophen, in wie ferne er als Philosoph weiter hinaus sieht, zwar nichts als seine ins unendliche weiter fort durch sich selbst bestimmbare Freyheit; aber in wie ferne er, als Mensch, die weitere absolute Selbstbestimmung aufgeben muß, mit der Aufhebung seiner künstlichen Abstraktion auch sein reines Wissen aufgehoben wird, und er selbst auf den Standpunkt des natürlichen Bewußtseyns zurücktritt, — findet er sich nur in praktischer Rücksicht frey, und genöthiget, um sich als frey denken zu können, das Wirkliche, als etwas an sich selbst durchgängig bestimmtes zu glauben.

Dasselbe Wirkliche, das sich für die Wahrnehmung durch Eindruck als ein Bestimmbares ins unendliche ankündiget, ist für das Gewissen etwas an sich durchgängig Bestimmtes, aber in dieser Eigenschaft nicht Gegenstand der Wahrnehmung, sondern des Glaubens. Für das bloße Wissen ist jenes Wirkliche in so ferne etwas Unmögliches, in wie ferne es für dasselbe nur durch das nie zu vollendende Fortschreiten im reinen Wissen, folglich nie zu Stand kommen kann.

Dieses Wissen wird durch absolute, sich selbst anschauende und denkende Freyheit aus sich selber, und in demselben, durch dasselbe, und für dasselbe nur als ein Wirkliches, hervor gebracht, das nicht ausser dem Wissen besteht, und das in Vergleichung mit jenem Wirklichen, von welchem abstrahirt werden mußte, um zu diesem Wissen und dem Wirklichen in ihm zu gelangen, mit Recht nur das Ideale heissen kann. Dieses ist die einzige Art des Wirklichen, welches Gegenstand des bloßen reinen Wissens seyn, und aus demselben hergeleitet werden kann. Daß es ausser derselben noch eine andere Art des Wirklichen geben könne ist durch das reine Wissen nur in so ferne klar, als daraus erhellet, die Freyheit müsse den Charakter der Absoluten aufgeben, den Charakter der Praktischen, oder des Willens annehmen, durch handeln auf das Wirkliche, wovon der Philosoph abstrahirt, aus sich herausgehen, folglich das reine Wissen aufheben, das philosophiren einstellen, und auf den Standpunkt der natürlichen Ueberzeugung hinübergehen, wenn es für sie reelle Wirklichkeit geben soll.

Ueberzeugung, so weit wir sie zu denken vermögen, ist nothwendiges Selbstdenken der Freyheit; und Wahrheit, so weit wir sie als Charakter der Ueberzeugung denken, ist, absolute Vereinigung der Freyheit und der Nothwendigkeit. Die Wahrheit der spekulativen Ueberzeugung ist schlechthin reine Wahrheit, ist durch sich selbst bestimmte Vereinigung der Freyheit und Nothwendigkeit; aber sie ist nur fürs bloße Wissen, nur Ideale Wahrheit. Für die natürliche Ueberzeugung giebt es zwar reelle reine Wahrheit; aber nur im Gewissen, nur im Glauben an reine Wahrheit, und in Wissen bloße Annäherung ins unendliche zu derselben, durch die Empirische.

Während die Wahrheit der natürlichen Ueberzeugung nur in praktischer Rücksicht, nämlich für den zum sittlichhandeln nothwendigen Glauben, rein, in theoretischer Rücksicht aber durch die ins Unendliche fortgehende Selbstbestimmung der ins Unendliche bestimmbaren Wahrnehmung, Annäherung zur reinen Wahrheit ist, ist die Wahrheit der spekulativen Ueberzeugung — fortschreiten von reiner Wahrheit zur reinen Wahrheit ins Unendliche, — fortgehendes Selbstbestimmen der ewig nur durch sich selbst bestimmbaren Freyheit, die bey der natürlichen Ueberzeugung um sich für ihr Handeln ausser sich durch sich selbst zu bestimmen, ewig aus sich selbst herausgehen muß; bey der Philosophischen aber, um sich für ihr Wissen durch sich selbst zu bestimmen ewig in sich selbst frey hineingeht. In der unendlichen Reihe aller möglichen spekulativen Selbstbestimmungen müssen daher nothwendig auch diejenigen natürlichen Selbstbestimmungen vorkommen, welche so wohl zum praktischen Selbstdenken der Freyheit als auch zu dem Erfahrungsbegriffen gehören — nicht zwar in wie ferne sie natürlich, aber doch in wie ferne sie überhaupt Selbstbestimmungen sind.

Allein bey allem Fortschreiten der spekulativen Ueberzeugung, durch welches sich dieselbe dem Inhalt der natürlichen Ueberzeugung immer mehr und mehr ins Unendliche — und bey allem Fortschreiten der natürlichen Ueberzeugung, durch welches sich dieselbe der für sie theoretisch unerreichbaren reinen Wahrheit ins unendliche annähert, bleiben beyde Arten der Ueberzeugung ewig wesentlich von einander verschieden; können sich einander weder ersetzen noch verdrängen, und nur dadurch neben einander bestehen, und sich gegenseitig unterstützen, daß Sie unvermengt, und unvermischt in den wesentlich verschiedenen Reihen ihrer Fortschritte ins Unendliche erhalten werden.

Durch die Vermengung dieser beyden Ueberzeugungsarten wird so wohl die natürliche, als die künstliche Ueberzeugung aufgehoben und an die Stelle von beyden ein verkünsteltes, eingebildetes, Wissen gesetzt, in welchem weder natürlicher gesunder Verstand noch philosophirende Vernunft zu Hause sind.

Nur dadurch, daß der philosophische Selbstdenker seine spekulative Ueberzeugung mit der natürlichen, zu der er immer wieder zurückkehren muß, vergleicht, — ohne beyde untereinander zu verwirren, und mit einander zu verwechseln, — erhalten beyde gegenseitige Beziehung auf einander, die sie ausser dem, an sich selbst nicht haben und nicht haben können. Nur dadurch erhalten die spekulativen Ueberzeugungen Objekte ausser ihnen selber, und die Natürlichen äussere Criterien ihrer Gewißheit.

Die spekulative Ueberzeugung geht niemals aus sich selbst heraus, und in die Natürliche hinüber; sie weiß alles Mögliche durch sich selbst, aber auch nur für sich selbst, und durch ihr Fortschreiten ins Unendliche. Sie ist an sich selbst weder idealistische, noch realistische Denkart, sondern beydes in unzertrennlicher Vereinigung. Nur in wieferne der Philosoph das Wissen, das er aus absoluter Freyheit in sich hervorgebracht hat, mit der natürlichen Ueberzeugung, die er nach Aufhebung seiner künstlichen Abstraktion in sich findet, vergleicht, wird ihm das Erstere zur blossen Idealen und die Letztere zur Realen Denkart in Beziehung auf einander. Wenn sich daher die neueste Philosophie die Benennung des Transcendentalen Idealismus giebt: so erlaubt sie sich diese philosophische Paradoxie nur, um sich durch die eben angedeutete Vergleichung mit der Denkart des natürlichen Verstandes in Rücksicht auf die letztere verständlicher zu machen. Denn an sich selbst als System des spekulativen Wissens ist sie so wenig idealistische als realistische — sondern die einzig mögliche, und eben darum auch diejenige Philosophie, durch welche der alte Widerstreit zwischen Idealismus und Realismus aufgehoben wird. Für die bloße natürliche Ueberzeugung, als solche, kann und muß die neueste Philosophie, eben darum, weil sie spekulatives Wissen ist, nichts als eine neue Idealistische Paradoxie seyn. Aber für den Philosophen, der beyde Arten der Ueberzeugung in sich vereinigt, ohne sie unter einander zu vermengen, ist zwar die Natürliche in Vergleichung mit der Spekulativen Realistisch. In wieferne Er aber dieselbe an und für sich selbst betrachtet, findet er, daß auch sie als Ueberzeugung Idealität und Realität in unzertrennlicher Vereinigung enthalte. Denn sie besteht im Glauben, d. h. im schlechthin nothwendigen Voraussetzen theils der Realität der Freyheit des Willens theils der Realität der zwar von der Freyheit des Willens unabhängigen, aber für das Wissen ins Unendliche bestimmbaren Objekte, wobey weder die Freyheit ohne diese Objekte, noch diese ohne jene reel seyn, die Freyheit sich nicht als Willen denken könnte, ohne jene Objekte sich als entgegengesetzt zu denken, und die Objekte nicht denken könnte ohne sich demselben durch wirkliches Handeln, nicht durch blosses denken, entgegenzusetzen. Diese Vereinigung des Idealen und Realen kündiget sich in der natürlichen Ueberzeugung durch das Gefühl an, welches Gefühl der Wahrheit heißt, das Wesen dieser Ueberzeugung ausmacht, und welches sich der Philosoph durch sein Selbstdenken erklärt, ohne jedoch mit diesem Selbstdenken jemals zu Ende kommen zu können.

Der Philosoph müßte seine natürliche Ueberzeugung, den gesunden Menschenverstand, eingebüßt haben, wenn er, in dem er beyde Arten der Ueberzeugung vergleicht, auf den Einfall gerathen könnte, die Eine an die Stelle der Andern setzen, oder auch nur aus der Einen etwas in die Andere übertragen zu wollen. Er erklärt die natürliche Ueberzeugung aus der Philosophischen aber nur für die Philosophische — für die natürliche Ueberzeugung wird durch jene Erklärung nichts klarer. Wer also den eigenthümlichen Standpunkt derselben nicht verlassen kann und will, dem wird seine Ueberzeugung durch das, was er den Philosophen behaupten hört, eher verdunkelt als aufgeklärt. Nur inwieferne der Philosoph auch natürliche Ueberzeugung hat, kann er dieselbe durch Resultate seines Philosophirens erläutern, in dem er diese in die Denkart und Sprache der natürlichen Ueberzeugung übersetzt. Es steht schlimm mit seiner Philosophie, wenn er sich als Philosoph mit derjenigen Realität nicht begnügen kann, die durch sein reines Wissen und für dasselbe wirklich und möglich ist; wenn er z. B. die Realität, von der in der Wissenschaftslehre die Rede ist, mit dem geistreichen Verfasser der Idee einer allgemeinen Apodiktik im göttingschen philosophischen Museum für nichts weiter als blosse logische Realität halten kann; wenn er die der natürlichen Ueberzeugung, als solcher, eigenthümliche Realität nicht etwa sich durch sein ins unendliche fortschreiten: des Wissen allmählig erklären, sondern aus einem erschöpften und erschöpfenden reinen Wissen beweisen will. Aber es steht, wo möglich, noch viel schlimmer mit seinem natürlichen Vernunftgebrauch, wenn er sich als Mensch mit der in seinem Philosophischen Wissen enthaltenen Realität begnügen kann; wenn sein natürlicher Glaube an reine Wahrheit nicht weiter geht, als sein, immer nur in einer endlichen Summe von reinen Selbstbestimmungen enthaltenes, und immer auf ein nothwendiges Fortschreiten ins Unendliche zu einem noch nicht wirklichen Wissen hinweisendes wirkliches reines Wissen geht; wenn er, als Mensch, nichts glauben kann und will, als was er als Philosoph sich zu erklären weiß! Er hat dann vergessen, daß er nur durch Abstraktion von einem Wirklichen, das für ihn, vor aller seiner Philosophie, und ohne dieselbe, ein Wirkliches war, und das insoferne zur Möglichkeit jener Abstraktion, und insoferne auch seiner Philosophie selbst, vorausgesetzt wird, sich in das Reich des reinen Wissens versetzt hat; aus dem er freylich als Philosoph hie wieder herausgehen kann und darf, in welchem er als Mensch aber keinen Augenblick verweilen darf; aus welchem er, als Mensch, durch jedes dem Menschen nothwendige Abbrechen jener Abstraktion und Reflektiren auf das, wovon er als Philosoph abstrahirt, in das Reich der wirklichen Erfahrung, das in Rücksicht auf reine Wahrheit das Gebieth des Wandelns im Glauben ist, versetzt wird. Ohne diesen Glauben, den keine Spekulation weder hervorbringen, noch ersetzen kann, ist ihm sein spekulatives Wissen, als Menschen, schlechthin unbrauchbar, für ihn verderblich und für Andere gefährlich.

Die absolute Nothwendigkeit im reinen Wissen entweder ins Unendliche fortzuschreiten, oder dasselbe zum Behuf der natürlichen Ueberzeugung abzubrechen, ist die Ursache, daß und warum durch alles wirkliche philosophische Wissen keine volle Befriedigung des ins Unendliche hinausgehenden Triebes nach Wissen möglich ist, während das Glauben in der natürlichen Ueberzeugung für dieselbe volle Befriedigung gewährt. Jene Nothwendigkeit in den philosophischen Selbstdenken immer weiter zu gehen, die mit der menschlichen Nothwendigkeit die dasselbe bedingende Abstraktion abzubrechen, so oft in Collision kömmt, ist wohl von manchem übrigens einsichtsvollen Gegner der neuesten Philosophie gefühlt werden, und hat ihn, ohne daß er selbst recht eigentlich weiß, wie er es geworden ist, zum Gegner derselben gemacht. Durch ein bestimmtes Denken der Nothwendigkeit im philosophischen Selbstdenken ins Unendliche fortzuschreiten, würden sie eingesehen haben, daß dieselbe lediglich in dem schon vorhandenen reinen Wissen als solchen gegründet ist, daß das bisher Erreichte durch Ermanglung des unerreichten, und nur ins unendliche Erreichbaren, darum nicht ungewiß werden könne, weil jenes Unendliche nur durch das bereits Erreichte möglich und nothwendig ist, und daß die Nothwendigkeit das Fortschreiten im reinen Wissen zum Behuf des praktischen Handelns, unter der Voraussetzung eines Eindrucks, abzubrechen wenigstens im Allgemeinen aus dem reinen Wissen selbst begreiflich sey.

Der Unterschied und der Zusammenhang zwischen dem spekulativen Wissen und der natürlichen Ueberzeugung, der nur in der Vergleichung von beyden miteinander, und für diese Vergleichung gilt und gelten kann, scheint mir in der platonischen Lehre von den Ideen und den Verhältnissen derselben zu den endlichen, materiellen, Dingen nicht blos angedeutet, sondern mit einer mehr als prophetischen Bestimmtheit und Umständlichkeit vorgebildet, — vorausgesetzt, daß unter der reinvernünftigen Seele die sich selbstdenkende und anschauende Freyheit, die philosophierende Vernunft, verstanden werden könne. Die sich in dem Abbrechen der Abstraktion, und der nothwendigen Reflexion auf Eindrücke ankündigende **Abhängigkeit** jener Seele, (des Geistes) von der, ihr ganz fremden, Materie ist die Folge einer Verbindung von beyden, die aus dem Wesen des Geistes **unbegreiflich**, dem Geiste ganz **zufällig** ist. Sie hindert ihn am **reinen Wissen**, zu dem er in diesem Leben nur in so ferne gelangen kann, in wie ferne er die sich ihm mit Gewalt aufdringende Materie überwältiget, von derselben weg und lediglich in sich selber **hineinsieht**. Durch dieses Anschauen gelangen Ueberzeugungen zu seinem Bewußtseyn, die **nicht** aus der **materiellen** Welt geschöpft sind, die das, dem Sinnlichen und Materiellen entgegengesetzte, Gepräge der **Unveränderlichkeit**, und **Nothwendigkeit** an sich tragen, und dadurch die Ewigkeit des Geistes, der sie aus sich selbst schöpft, ankündigen. Als absolute Freyheit kann der Geist keineswegs als **gemacht**, oder auch nur als **entstanden** gedacht werden; er

ist unerschaffen, und als ein End=
liches Wesen von der unendlichen
Freyheit, von Gott, von Ewigkeit
her auf eine schlechthin unbegreifliche Weise
ausgegangen. Er ist göttlichen
Ursprungs, und nur durch End=
lichkeit von Gott verschieden. Die
ewigen, rein wahren, Ueberzeu=
gungen, die er in sich selbst antrift,
und die ihm seine Gottähnlichkeit beurkun=
den, die Ideen, sind an den wirklichen
Gegenständen ausser ihm, das heißt
an den endlichen materiellen
Dingen nachgebildet. Diese Dinge
sind die geformte Materie und als
solche, Werke, von der die Materie nach
den Urbildern der Ideen formenden
Gottheit. Das Wesen der Materie
(das schlechthin äussere, das sich in der
natürlichen Ueberzeugung, durch blos=
sen Eindruck, und in so ferne als bloße
Passivität, ankündiget) ist Form=
losigkeit, Unbestimmtheit, Be=
stimmbarkeit ins Unendliche.
Sie ist das ewig Wandelbare, das

den Formen, als dem Bestimmten, unwandelbaren — ewig widersteht, mit dem sie verbunden, und durch welches sie fortwährend gefesselt, die physische Welt ausmacht. Diese Verbindung und Feßlung ist nur als Wirkung des unendlichen Geistes denkbar, der seine ewigen Ideen ausser sich an der ins Unendliche bestimmbaren Materie in so ferne realisirt, als dieses möglich ist, ohne jene Materie ganz aufzuheben, und in so ferne selbst das realisiren der Ideen ausser sich aufzugeben. Daher sind die wirklichen Dinge den Ideen zum theil ähnlich zum theil unähnlich. Das wahre Wesen an jenen Dingen sind ihre Formen, und das wahre Wesen dieser Formen ist ihr Ursprung aus den Ideen. Nur das was, an der Materie den Ideen nachgebildet, und ähnlich ist, ist das subsistirende, reellwahre — alles übrige ist ewig hinschwindender Schein. Der durch sein reines Wesen der Ideen theilhaftige endliche Geist vermag die selben theils nur durch reines (abstraktes) Selbstdenken für sein Wissen in sich selbst — theils nur dadurch ausser sich zu realisiren, daß er als menschlicher folglich nicht rein vernünftiger Geist die geformte Materie — die Sinnenwelt — das Gebieth der Erfahrung, durch sittliches Handeln, durch schöne Kunst, und durch Veredlung des natürlichen Wissens den Ideen fortwährend näher zu bringen strebt.

Sittlichkeit, Kunst und Veredlung des natürlichen Wissens sind durchs bloße reine Wissen in so ferne unmöglich, als sie nur ausser dem reinen Wissen, und als etwas von demselben wesentlich Verschiedenes zustand kommen können. Das reine Wissen selbst gehört als ein künstliches zu den Dingen, die nur durch Kunst möglich sind, und ist in so ferne nicht durch sich selbst, sondern nur durch einen unabhängig von aller Spekulation an sich selbst schon gesunden Verstand, und nur unter der Voraussetzung, daß dem Selbstdenker die künstliche Abstraktion und das Festhalten bey derselben, und die logische Operationen beym Denken und die Funktionen der Einbildungskraft beym Darstellen nicht mißlingen, möglich.

Gleichwie das endliche freye Wesen derjenigen Abstraktion von allem Wirklichen, die ihm als einem wirklichen Wesen nur durch Kunst möglich ist, und durch die ihm nichts als bloße Vernunft übrig bleibt, bedarf, — um das reine Wissen in sich selbst zu realisiren: so bedarf dasselbe um ausser sich zu realisiren, was es ausser sich sich realisiren, — um zu seyn und zu werden, was es seyn und werden soll — des Glaubens an Gott, d. h. des unbedingten Voraussetzens der Realität der absoluten unendlichen Freyheit, die es von seiner eigenen, (als der Freyheit eines Endlichen, ins unendliche endlichen Freyheit,) unterscheiden muß, die als Unendlich ihm ewig unbegreiflich bleibt, der es sich aber durch sein sittliches (und in so ferne zugleich nothwendiges und freyes) Streben ins unendliche annähern soll. Der unendliche Geist, ist für das Gewissen, und das, das Wesen desselben ausmachende, Glauben und Handeln wirklich. Er ist von Ewigkeit zu Ewigkeit, was der endliche Geist in Ewigkeit werden soll, der himmlische Vater der da heilig ist, wie wir es seyn sollen.

Indem der endliche Geist, zum Behuf des reinen Wissens, von allen Wirklichen abstrahirt, erhebt er sich auch über seine eigene Wirklichkeit, legt er seine wirkliche Endlichkeit, und mit derselben seine Individuelle Natur ab, und alles, was nur unter der Bedingung seines Wesens als Individuum, Gegenstand seines Glaubens, Handelns und Wissens ist, geht insoferne für ihn verlohren. Er kann in diesem Zustande keinen Gott glauben, so wenig als er auf das Wirkliche in der Erfahrung handeln kann — denn er ist nur mit dem reinen Wissen und nur für daſſelbe beſchäftiget. Um dahin zu gelangen, hat er im eigentlichen Verſtande von der Anſchauung der abſoluten Freyheit ausgehen, und in wieferne die abſolute Freyheit, als abſolut, in ihrer reelen Unendlichkeit für die natürliche Ueberzeugung Gott iſt, hat er ſich auf immer von Gott, ſo wie von ſeinem Individuellen Selbſt, und der wirklichen Natur, entfernen müſſen. Er kann, als endlicher Geiſt, abſolute Freyheit in ſich nur inſoferne anſchauen als er ſie zugleich auch ſelbſt denkt. Ohne dieſes, dem endlichen Geiſte unter der Vorausſetzung, daß er ſie in ſich, als die Seinige, anſchauen will, ſchlechthin nothwendige Selbſtdenken, würde die bloſſe Anſchauung der abſoluten Freyheit, zwar Anſchauung Gottes, aber inſoferne auch nur durch Vernichtung des endlichen Geiſtes als ſolchen, der mit dem ſich ſelbſt Denken auch das ſich ſelbſt Anſchauen, und überhaupt ſich selbst aufgeben müßte, möglich seyn. Auch im Gewissen ist keine Anschauung und kein sich auf dieselbe beziehendes Denken, kein Wissen Gottes sondern bloßes Glauben möglich und wirklich; wobey der endliche Geist nur sich selbst aber auch nur als praktische Freyheit, in seinem nothwendigen Bestreben anschaut, sich in seinem endlichen freyen Handeln unabläßig der Handlungsweise derjenigen Unendlichen Freyheit anzunähern, welche der endliche Geist zum Behuf jenes Bestrebens als wirklich voraussetzen, d. h. durch das Gewissen glauben muß. In jener Annäherung verliert er ins Unendliche seine Endlichkeit, giebt er fortwährend seine Wirklichkeit als endliches Wesen auf, um dieselbe im Glauben an Gott, und durch Gottähnliches Handeln fortwährend wieder zu finden. Die Wirklichkeit, und die Natur des Glaubens an Gott, so wie die Unmöglichkeit der Anschauung Gottes scheint mir in der merkwürdigen Stelle (Exod. 33. K. 18-32 V.)

treffend angedeutet: „Mein Angesicht kannst du nicht sehen, denn kein Mensch wird leben, der [mich sieht." Anschauung Gottes durch ein endliches Wesen ist unmöglich, weil sie nur unter der Bedingung der Vernichtung des anschauenden Endlichen möglich wäre. Gott ist also für uns nur durch den Glauben an ihn — die Möglichkeit dieses Glaubens können wir uns aus dem reinen Wissen aber auch nur für dasselbe erklären. Die Wirklichkeit dieses Glaubens, die nur für und durch die natürliche Ueberzeugung, da seyn kann, ist eben darum aller Philosophie unerklärbar. Sie ist dem Gewissen durch sich selbst klar, welches, indem es sich über das, was es in demselben denkt, Rechenschaft giebt, immer schon von diesem Glauben ausgeht. Daher erklärt sich dieser Glaube sowohl die Wirklichkeit, so weit sie von der endlichen Freyheit unabhängig ist, die ganze Natur als Inbegrif alles Endlichen, Personen und Sachen, als Werke Gottes, und verdankt selbst seinen Glauben an Gott nicht sich selber, sondern Gott allein. Gott ist es, der auch der Person die Wirklichkeit giebt, welche diese nur mit Freyheit und aus Freyheit **brauchen** kann und soll, aber nicht hervorzubringen vermag. Gottes Stimme ist selbst auch die Forderung des Gewissens, die jenes Frey-handeln fordert. Sie ist es, welche die Natur in mir und ausser mir ins Daseyn, ruft, mich aber durch mein Selbstbewußtseyn über die bloße Natur erhebt, mich zum höhern Seyn durch Freyheit, zur Gottähnlichkeit beruft. Indem wir Gott im Glauben vor Augen haben, ist nur die Wirklichkeit, die sein Werk ist, der Grund unsers Glaubens an ihn. Er ist es selbst der sich uns durch dieselbe offenbaret. „Ich will vor deinem „Angesicht alle meine Güte her-„gehen lassen." — „Meine Hand soll dich halten bis ich vorüber gehe." So lange wir auf das Wirkliche als solches reflektiren, ist es nur seine Hand, die uns empor: hält. Wir schauen aber dann nicht ihn, sondern nur die Werke seiner Güte an; nur vermittelst dieser ist auch Er vor uns. Erheben wir uns (nicht etwa im Handeln auf das Wirkliche, son: dern) schlechthin über das Wirkliche, folglich in so ferne über uns selbst als Wirkliche Wesen; — dann ist auch Gott nicht mehr vor uns. Wir erblicken die absolute Freyheit, und in so ferne Ihn selbst; aber nur in dem wir dieselbe und folglich, auch Ihn durch das künstliche Selbstdenken — aus dem Auge verlieren — Er ist in so ferne vorübergegangen, und wir nehmen ihn nur in seinem Ver: schwinden für uns wahr. „Wenn ich „meine Hand von dir thue" wenn das Wirkliche für das Bewußtseyn des Philo: phen aufhört, wirklich zu seyn: „wirst du mir hinten nach sehen. Aber mein Angesicht kann man nicht sehen.